学校正面临挑战

林卫民 著

大夏书系·学校领导力

华东师范大学出版社
全国百佳图书出版单位

图书在版编目（CIP）数据

学校正面临挑战 / 林卫民著 . —上海：华东师范大学出版社，2017
ISBN 978-7-5675-6812-9

Ⅰ.①学… Ⅱ.①林… Ⅲ.①学校管理—研究 Ⅳ.① G47

中国版本图书馆 CIP 数据核字（2017）第 197621 号

大夏书系·学校领导力

学校正面临挑战

著　　者	林卫民
策划编辑	李永梅
审读编辑	卢风保
封面设计	奇文云海·设计顾问

出版发行	华东师范大学出版社
社　　址	上海市中山北路 3663 号　邮编　200062
网　　址	www.ecnupress.com.cn
电　　话	021－60821666　　行政传真　021－62572105
客服电话	021－62865537
邮购电话	021－62869887　　地　址　上海市中山北路 3663 号华东师范大学校内先锋路口
网　　店	http://hdsdcbs.tmall.com

印　刷　者	北京密兴印刷有限公司
开　　　本	700×1000　　16 开
插　　　页	1
印　　　张	13
字　　　数	192 千字
版　　　次	2017 年 12 月第一版
印　　　次	2021 年 7 月第三次
印　　　数	9 101-11 100
书　　　号	ISBN 978－7－5675－6812－9 / G · 10566
定　　　价	42.00 元

出 版 人　王　焰

（如发现本版图书有印订质量问题，请寄回本社市场部调换或电话 021-62865537 联系）

目录 Contents

自 序　为了做好校长，我一直处在勤奋学习状态 /001

第一辑　"在游泳中学会游泳"

　　新任校长的"不胜任状态" /003

　　校长，您真的是在做校长的那些事吗？ /006

　　校长的专业标准及其修炼 /008

　　学校日常运营的"三个层面"及其设计策略 /011

　　校长的影响力，关键在于"行政与专业融合" /014

　　当生命处于"校长状态" /018

第二辑　学校治理与学校变革行动

　　跳出理念层面，推动转型变革 /025

　　学校改进：让教育充满理想 /032

　　落实《管理标准》，提高学校的治理能力 /037

　　如何办出一所高品质学校？ /042

　　崇敬朴素和简约的品质追求 /045

第三辑　重拾课程与教学的价值

创新和变革的"风口"在哪里？／051

"复语"外语课程与国际理解教育／056

重拾课堂教学的价值和意义／063

让学习真实地发生／070

重建"深度学习"的课堂教学／075

课堂深层处，教育本质事／080

教学互动与"人的社会化"训练／083

"热爱"与"分享"的激励作用／087

教学要关注学习的"不连续性特征"／089

课程意识对于中小学教育的价值／091

第四辑　打造凝聚教师的"核心武器"

打造凝聚教师的"核心武器"／097

教研组学术文化建设的几点思考／101

教研需要慷慨的专业行为文化／105

修炼"教师之精神"／108

上课，不等于演讲／114

重塑教师学习的价值／116

教师的"学习力"／119

校长如何说，教师才会听／122

莫要忘了表扬和肯定学生／125

基于校本的教师发展性评价／127

第五辑　管理学校的智慧和策略

选择和确立基于学校现状的发展价值取向 /139

办好学校需要某种"简单的坚持" /142

教育的关键不在于口号翻新 /145

最有智慧的战略决策 /147

别将"以人为本"教条化 /150

要有勇气坚守教育本质 /153

温和而优雅的学校管理 /156

校长要有一颗坚强的心脏 /158

学生每日必修的课程：美德养成与精神修炼 /161

情感文明与持家能力 /164

小心，教育创新模式中的"剧场假象" /167

防范"像瘟疫那样漫延的激情消退" /170

与学校内部的官僚主义作斗争 /172

提高工作效能从不讲"无用的废话"开始 /174

教育孩子，需要更多的好故事 /176

超越"知识工作者"培养模式 /178

教育之目的，是为了激发学生走自我发展的道路 /183

站在互联网"风口"的家校关系 /186

参考文献 /191

后　记　校长，请您从容地进入学校 /193

自序 Preface

为了做好校长，我一直处在勤奋学习状态

1997年6月，我从玉环县教研室主任转任县中学校长，这是我第一次担任校长，至今已有20个年头了。后来，我调到浙江省教育厅教研室工作，曾担任省化学教研员和省教研室副主任。我的职业生涯的大部分时间是担任杭州外国语学校（以下简称杭外）校长和北外附属外国语学校（以下简称北外附校）校长，对于经典的、现代的教育观的理解以及对于教育本质的自我体验，大部分来自这两所学校的实践。

我算不上是一位很成功的校长，但自认为属于认真学习、擅长反思和总结的教育工作者，如果将之前的学科教育研究的文章都计算在内，我曾发表过200多篇文章，其内在动力源自对这份工作的热爱。在十多年管理学校的经历中，身边发生了太多的故事，每一个故事的背后都隐藏着教育观点的冲突、教育基本原理的运用以及对于学校管理法则和策略的探索。

学生早晨来校上学，早读，上课，运动，洗手，吃饭；下午继续上课，运动，参加社团和课外活动，放学回家或在校晚自修、就寝……学生在校学习生活就那么些事，管理学校的日常工作就是针对这些小事而展开的。教育的关键在于平凡的坚持和正确的行动，教育工作者如果齐心协力把这些小事

都做正确了，教育就会成功。不要时时想着统治和领导整个行业，做些实实在在的事，或许是最重要的。

有一天，我到加拿大一所小学参观，诧异地发现全校师生包括接待我的校长都穿着睡衣。校长告诉我，学校安排学生每周要读一本书，每周三要举办与本周读的这本书有关的全校性的系列活动，当天，所有学生的服装要与所读的这本书有关。因为那一周读的书与睡衣有关，那天又是读书主题活动日，自然地，全体师生都穿着睡衣到校。教室里正在举行关于那本书的某个片段的演出活动；副校长忙于接受学生的捐赠并安排将捐赠的物品尽快送给当地困难家庭的孩子；几个学生非常用心地帮助"书本医院"的老师维修旧书；还发现有一个教室，漆黑一团，孩子们打着手电看书，主题是"在黑暗中阅读时，你有什么想法"……这所学校教育的深刻之处在于：不是去高喊类似"书籍是人类进步的阶梯"的口号，或者搞"阅读工程"之类的运动，而是实实在在地做培养学生阅读习惯的事。

管理学校的最大困难在于对具体事务的教育性、方向性的把握，以及对个别化策略、灵活性技术等富有教育智慧的选择。例如，当我正在思考并准备启动写这本书的时候，校园里突然下起了大雪，自然地我要紧急召开会议，安排全校上下一起积极行动，把主干道打扫干净，以保证学生行走安全；如果再进一步，应当限定扫雪的任务只是将主干道打扫干净，而不应当将雪扫得过于干净，要把雪景、雪本身作为活动资源，让学生观雪、玩雪，享受自然界带给自己的快乐和精神振奋；如果再提升一步，雪停下来的那一天，应当开展以雪为教学资源的课程教学活动，例如，"安全保障与安全教育"之雨雪天安全专题教育课，嬉雪与堆雪之活动课，雪地运动之体育课，"雪的融化实验"之科学课，"雪景小诗"之语文课，"雪地百米画卷"之艺术课……有课程必有教学内容、教学要求和结果评价，如果教学要求过于简单机械，学生除了闹腾之外很少再有学习的冲动；如果教学过度严厉、要求过高，学生会因为学习的压力而感受不到雪景带来的生活情趣。

学校中的每一件小事都存在着教育方向、内涵、方法和技术以及策略选择等方面的复杂性，针对日常具体事务的安排和实操，怎样才能正确地把握行动背后的教育本质,确实不是一件容易的事,其中的学问远比模仿或改造时髦的话语表达,要复杂得多。

正当我写这篇序言的时候,电视上刚好重播董卿主持的节目《朗读者》,著名儿童心理学家郑渊洁带着他的父亲共同朗读自己的作品《父与子》。

父 篇

我是一只羊。我活到了应该当父亲的年龄。……

……

今年生的孩子都将是猪。于是就有了这么一头小猪成为我的儿子。这是我们的缘分。不管他是什么,我都爱他,他的血管里流着我的血。尽管我是羊,他是猪。

我们这儿有的爸爸可不这样,他们总希望自己的孩子不是现在这个样子。就拿我的邻居牛来说吧,他的儿子是一条蛇,他怎么看儿子怎么不顺眼,整天对儿子吹胡子瞪眼。我问他为什么虐待亲生儿子,他说他的儿子应该是只虎,起码也得是头牛。他的儿子真不幸,摊上了这样的爸爸。

做父亲的对待孩子只能干一件事:爱。

我的儿子是一头小猪,这就足够了。我不羡慕别人的猛虎儿子,也不嫉妒人家的千里马儿子,这个世界上绝了哪种生命形式都会导致地球毁灭。狮子和蚂蚁一样伟大。……小草和人类一样重要。

不明白这个道理,就不是合格的爸爸。

……

子 篇

我是一头小猪,我爸爸是一只羊。

从我出生那天起,我就发现爸爸和我不一样。后来,我还发现别的孩子的爸爸和我爸爸也不一样。

就拿邻居那头小猪来说吧,她爸爸是一只猛虎。再说隔壁的小兔,他爸爸是一匹骏马。相比之下，我的爸爸显得弱小不起眼。可我最爱我爸爸。我觉得爸爸是什么并不重要，重要的是他是不是一个真正的男子汉。有的爸爸虽然是老虎，但他不是男子汉。我见过一只老鼠爸爸，那可真算得上是一个地道的男子汉。

……

我有时偷偷想，假如我的爸爸是老鼠或是鸡或是蛇呢？我一准照样爱他照样自豪——因为我是他儿子。

这篇童话的寓意多么深刻，朴素的文字深处包含着丰富的哲理。每天发生在学校生活中的那些平实的事，有着类似的教育意义上的深刻和丰富。只要有真正的教育之心，便可以从平实的事务中找到教育的意蕴。

一所高效能的学校应当向前走一步，不流于"学生，我们的希望"这一类非常相似的陈述或者其他更加新鲜的表达，要把重点放在关键的问题上——怎样使希望变成现实。例如，对于如何提升学生的学业水平，应当解决这些问题：我们希望所有学生都要学习，那么希望他们学会什么呢？我们如何知道学生是否在学习？如果学生不学习我们怎么办？我们如何让学生投入到自己的学业中？有效的教育需要非常具体的有关行动的陈述，如果没有明确回答上述四个问题，再多的教育理念对于提高学生学业水平也无济于事；只是比拼理念的华丽而没有在行动落实上研制翔实的措施，理念不会得到教师的响应和共鸣，从而很快被遗忘。

指向实际的行动和过程，促进了教育方式的改善和教师行为文化的转变，有用的观念常常来自实践的提炼，好的教育观其价值在于能够改变实践和日常行动。本书试图以叙事的方式，来描述校长管理学校的那些规律性的、逻辑性的、理性的因子，同时也展示了设计感、故事力、交响力、共情力、娱乐感和意义感等对于学校工作的重要性，书中所描述的那些事例虽然是过去的经验，但展示的朴素教育观显然有益于后人，而且我也自信，这些滋生于实践土壤的教育观，是指向未来的。

第一辑
"在游泳中学会游泳"
——

回想起当年我初任校长时笨拙的样子，
不免想起了英国海军将领皮普斯的一句话：
在海上航行的大多数船只，
指挥者从未受过良好的训练。

新任校长的"不胜任状态"

回想起当年我初任校长时笨拙的样子，不免想起了英国海军将领皮普斯的一句话：在海上航行的大多数船只，指挥者从未受过良好的训练。没有人告诉我当校长应当干些什么，我就去了，而且还做一把手校长。

职位晋升通常有两种状况，"直线式晋升"与"幕僚式晋升"。或许你是一位优秀教师，你被晋升为学校管理干部并逐级提拔，直至最后升为校长；或许你是教育行政部门的官员，是领导身边的幕僚，领导很满意你的表现而安排你去担任校长。

从教育行政部门"空降"到学校做校长，虽然教育专业水平不见得优于从一线成长起来的校长，但是，他们常常擅长顶层设计，知道哪些设计能够吸引领导的眼球，什么样的设计在政治层面上有创新意义，什么样的设计更能得到上级提供的资源，在处理各种边界关系时，更显灵活性。但是，作为领导，与教师相处时要懂得尊重专家，通过沟通达成共识而不是直接发布指令，容忍思维多元，崇尚真理，发挥专业良知对于专业自律的重要作用。这一切，从教育行政干部转任校长的，一时可能不太适应。

从教学第一线成长起来的校长，或许由于太熟悉课堂教学和学生管理的一些细节，有时会深陷其中而不能自拔，每天要与教师、学生斗智斗勇，而忘记了作为"操作者"的教师与作为"设计师"的校长的角色不同。校长如果只是理性地按照逻辑、刚性规则行事,而不懂得感性和情意领域的共情力、故事力、意义感等的价值意义,再加上处理人际关系时不够灵活,常常会遇到"斩不断,理还乱"的麻烦。

劳伦斯·J·彼得所著的《彼得原理》一书中写道,"每一个员工都有可能被晋升到不胜任的阶层","每一个职位最终都会由对工作不胜任的员工把持"。一个人拥有了某个职位,并不一定拥有了这个职位的资质。《彼得原理》中谈到的不胜任现象,在我身上时有发生。

在我年轻的时候,大部分时间是处在基本胜任或胜任状态,所以有资格获得晋升,从中级职称到高级职称再到特级教师,都是提前晋升的,这得益于个人长期养成的阅读、思考和研究的习惯,也离不开机会和运气。回想起当年我初任校长时,着实是一个既不知道行政套路也不懂得基本管理规则的学校领导,虽然我担任高中化学教师、县化学教研员、县教研室主任时很称职,但担任校长后,事实上成了一个不胜任岗位的人。

初任校长,除了对日常工作不能胜任之外,还缺乏危机处理经验。由于缺乏危机处理的经验,听了当年我曾经历的那些事,初任的校长肯定会失眠:

在我刚任职杭外领导时,恰逢建造并搬迁新校,建筑工人时不时会与当地农民发生摩擦;建设中的新杭外,开学推迟了一个多月,每天焦虑得就像身体在火中烤;某一年,高三有3位教师晚间从外面回到学校,在校门口出了重大车祸,死亡1人、重伤1人,还有1人开车是事故的主要责任人,学校除了协助处理事故外,还要应对几百号学生的学业和高考;为了杭外国有民办校的"收费并轨"(从不收费变为收费),300多位家长带着他们邀请的有关媒体聚集围攻学校;几年后,为了杭外的国有民办校变为公办(从收费变为不收费),家长因恐惧生源质量变差及教师恐惧职业岗位的安全,闹到省政府,并推搡教育厅干部;还有一些零星的学校安全意外事故而引发的冲突,那些没有掌控的舆情,稍有不慎,就可能令学校成为"风口"……

《彼得原理》的规则提醒您,作为一个新校长,您正处于"不胜任状态",因此,必须改变自己,通过学习、反思提高自己。要么在"不胜任状态"中干到退休，既不快乐也没有尊严；要么努力奋起，在修炼中改变自己，从而成为教师的榜样和学校精神力量的强大依靠。无论新校长是从哪里走到了校长岗位，必须能够觉察到自己的不胜任，并通过自觉的努力来提升作为校长的能力，这才是一个职业人的理性。

校长，您真的是在做校长的那些事吗？

——

对新任校长，人们往往有很高的期待，将其看成是特殊的杰出人物。校长设定方向、作出重大决策并激励旗下人员，常常被当作英雄以及发生危机时挺身而出的勇者。这是传统的对校长的看法，也是新校长刚出场时短暂的"自然威望"。如果学校属于薄弱学校或教师群体有明显的无力感，校长形象的伟大更能突显，而且也只有"伟大的校长"才能补救学校和教师的缺憾。

作为一个校长，您必须懂得"如何做校长"，遗憾的是，有些校长真的不知道"校长应当干些什么"，只是稀里糊涂地在做校长，特别是初任的校长。校长作为学校领导者，其能力的修炼主要依靠实践，只有经过长期实践磨砺并自觉反思、不断学习，才能成长为"校长的样子"。

关于领导者的能力，彼得·圣吉从三个方面形象地展开了讨论——作为设计者、管理人和教师，这些讨论对于校长也同样适用。

"生活得很好"的校长一直把自己看成是设计者而不是战斗者，校长冲在第一线"打闹"其实不一定是好事。因为，校长的任务是能够让其他人不断地了解复杂性、理清愿景和改善心智模式，不能总是希望下属以自身为模范去学习，这是一个误区。学习有一条基本规则：人们学习他们需要学习的东西，而不是别人认为他们需要学习的东西。怎样能让下属知道学习的重要性、知道应当学习哪些东西？最好的办法是让他们去处理应当面对的问题，当走投无路时他们才会明白,什么是需要学习的。高明的校长,要在关键时候出现在下属面前,提供合适的处理事务的"菜单",这样,更能让下属明白,应当如何去学会那些基本的做事本领。

校长作为"管理人",有自己的行动准则,应当关注并努力做好以下这些事:认识学校的文化并继续完善,扩展你所重视的东西并表达你所重视的;尊重你的教师并促进他们的业务成长;促进协作而不只是严厉监管;提供菜单而不是下达命令;行使权威是为了促进而不是为了限制;与更大的环境连接起来。校长作为"管理人"并不意味着非得直接去监控教师,其实,教师是学校管理的主人而不是被管理的对象,只有"民主参与、多元共治"的学校治理行动,才能达到有效的管理和真实的"善治"。

校长作为"教师",这里的教师不是一般意义的学科教师,而是"教师的教师"。校长要把战略见识加以概念化,以便使这些见识成为公众的知识,接受挑战并进一步改进。例如,北外附校关于教学的一些概念——教学就是为了让学习真实地发生,任何时候忽视知识都是十分愚蠢的,教学要聚焦认知对象并揭示"那个伟大的事物的魅力",打造简约、平实且直面核心知识的课堂教学,坚定地反对"花样课堂",还有"爱生学校""双复型办学特色"等口号——教师都非常熟悉,并达成了共识。"作为教师的教师"提醒着校长:要鼓励每个教师的学习,建立校本化的教师教育机制,逐步形成自觉地提高自己专业水平的教师行为文化。

校长是学校的中心人物和强有力的人物,并时刻保持着对学校的控制,但是,校长必须有共同体的意识,这对于学校发展是十分重要的。教与学是校长主要关注的焦点,要将教师的道德目标显现出来,滋生出作为教师的良知,并以宗教般的虔诚自觉地将良知注入学习型组织的理想、标准和实践中,从而产生出教师发自内心的压力。因此,校长既不是强有力的单方面的领导者,也不是软弱的追随者或没有主见的、没有判断力的平庸的领导者,否则会导致学校毫无活力。

校长的专业标准及其修炼

2015 年，教育部颁布了《普通高中校长专业标准》（以下简称《标准》），从六大专业职责，阐述了校长的 57 条专业要求，校长应当依据《标准》对自己进行"全面体检"，寻找自身的不足和努力方向。从某种角度来说，《标准》是校长在工作实践中进行自我修正和提升领导学校能力的教科书。

1. 服务于学生的生命成长

《标准》在"规划学校发展"的职责中提出：校长要"正确理解普通高中的责任与使命，明确学校的办学定位。注重培养学生自主学习、自强自立和适应社会的能力，全面提高学生综合素质"。

学校的责任和使命，在于培养学生、在于促进学生的生命成长。生命的目的是什么？"学生即是生命的目的！"但是很多教师没有做到这一点，甚至漠视学生的存在。一个任教两个班的教师连学生的名字都叫不出，更谈不上了解学生的绰号、家庭背景、性格、人际关系、学习能力和水平，教师只是一厢情愿地推出自己关于知识的那些话语，没有感觉到下课铃声早已响起；只是开发学生对未来某种荣耀的渴求，而没有关注每个学生的现状；只是希望学生的未来应当怎样，而不关注学生自己想要拥有怎样的未来……为了完成高中教育的责任和使命，校长应当要求每一个教师细致入微地研究自己的学生，只有每一个教师能够深入细致地关注学生而不只是学科知识，"传授知识的教学"才能提升为"提高认识的教育"，教学才能进化为教育，进化为关注学生生命成长的教育。

2. 让学校成为有生命意义的组织

《标准》在"营造育人文化"的职责中提出：校长要"将立德树人作为普通高中的根本任务，把德育工作摆在素质教育的首要位置，全面加强学校德育体系建设"；在"领导课程教学"的职责中提出：校长要"发挥各学科育人作用，促进学生全面发展"。

《标准》还要求校长"营造学校的人文环境，精心设计各类指向教育性的活动，建设积极的校园网络文化，培育社会主义核心价值观"，"熟悉课程政策，熟知学生成长规律，落实综合素质评价"。这一切表明，校长领导和管理学校，不仅要努力提高学生的学业成绩，还应该思考"再做些什么能够激励学生的生命成长"。

校长应该思考管理中如何做到：在正式课程中开展课内分层教学、实施分层作业，以使"学业优秀的学生能够到更有知识的地方去""学业困难的学生能够即时得到帮辅并获得成功的成就感"；除正式固定班级的课程外，还应当有按学生兴趣走班的课程，每周要有固定的半天或更多的时间让学生学他们想学的知识，甚至可以让学生走出课堂、走出学校去学他自己想学的、思考他自己感兴趣的那些事，还可以安排固定的时间让学生选择到社区、大学、研究院所开展研究性学习活动；通过课余时间的社团活动和参与学校的管理，让学生有发挥自己才华的地方，例如露演、球赛、游戏、阅读、演讲、科技或美术作品展示……这一切能否形成与正式课程同等严谨的内部管理机制，是一所学校管理是否成熟的标志。

一所成熟的学校不只是会做学科课程、课堂教学的那些事，还必须在指向教育性的活动设计和总体安排上，形成自身的学校传统和指向活动的文化氛围，这是成就学生"作为人的一般发展"所必需的学校工作。"指向教育性的活动的全面课程"成熟了，一所学校才能算得上是具有"生命意义的学校组织",领导这所学校的校长才可以称得上是"专业的校长"。

3. 从专业角度创造有利于学生和学校发展的各种内部关系

《标准》在"引领教师成长"的职责中提出：校长要"将教师作为学校改革发展最宝贵的人力资源，尊重、信任、团结和赏识每一位教师"；在"领导课程教学"的职责中提出：校长要"自觉接受师生员工和社会的依法监督，以德立校、廉洁奉公、为人表率、处事公正"；在"调适外部环境"的职责中提出：校长要"重视与家庭、社会（社区）的沟通，增强学校对外交流的主动性和创新性"。

校长要"形成学校领导班子的凝聚力"，"熟悉人事财务、资产后勤、校园网络、安全保卫与卫生健康等管理实务"，并有底气向教职工甚至学生开放自己对于这些工作的思考和管理思路，鼓励师生员工参与学校管理。

校长要创设学校各种良好的关系，包括个体与工作的关系。全校教职工最终是为某个目的而工作，如果要鼓舞士气，这个目的必须是有用的，将一切工作目的聚焦于"学生的生命成长"，使全体教师明白：教师是向学生的未来宣誓的，教师的天职就是"使学生发生对人生有益的变化"。将学校工作、家校关系、社会支持的逻辑起点放在"使学生发生对人生有益的变化"上，个人、工作、学校、学生家长和社区之间才能建立健康的、全面的良好关系，并能更有效地鼓舞师生的士气。

很多事例可以证明，作为学校的领导者，从教育领导和学校专业管理的角度，创造有利于学生获得成就和学校取得成功的各种关系，带来的惊喜远不只是良好的人际关系。

学校日常运营的"三个层面"及其设计策略

一

一所学校通常要承担几千学生、多个学段的教育、教学、活动和生活等日常管理,每天要面对大规模、长时间的复杂事务。规模大、时间长的事务和复杂的管理系统,是无法依靠单个人去完成的,因此需要组成一个团队,并且要对团队的工作进行总体规划和精心设计,以便与复杂的系统相匹配。设计是"改变的缔造",美国著名未来学家丹尼尔·平克曾说,优秀的设计能够改变世界。改变学生的心智和行为、改造学校的环境、变革学校教育,这些都与学校教育教学的设计及其他相关管理活动设计有关。

我读了美国学者克莱·舍基所著的《认知盈余》一书,再结合学校管理工作,得出了这样一个观点——学校管理的日常运营机制,最初级的通常有两层。

第一层是私人部分,靠每个人的劳动来完成相应的事务,并且所获得的报酬不低于市场价格,以保证日常工作能被完成。大部分企业都是基于这种设计模式。对于学校来说,这个层面主要包括两个部分:一是课堂教学,由教师个体在班级里进行"独立"的操作,完成学科知识传授和学科能力训练的任务,学校按照其实际课时量计算课时津贴;二是班级管理,由班主任对本班级学生在课余时间进行"独立"教育,班主任还要完成学科教育之外的关于活动、生活等方面的管理事务,学校另外支付班主任相应的津贴。

第二层是公共部分。公共部分的工作，是不会得到额外经济补偿的，即使如此，雇员仍能胸怀责任感共同为具有高认知价值的事情工作。政府组织和非营利组织的运营，都是基于这种模式。

学校有太多的公共事务，需要全体教职工一起来完成。防范校园欺凌事件，校园安全意外事故处置，公共卫生管理，例如对学生"便后饭前洗手"的教育和全面督促，包括到校、请假以及每个学生身体排查的晨检，开关门窗通风和值日，校门口的值班，课外自由活动操场的管理，卫生间的手纸和洗手液的管理，教室包括公共教室、办公室、公共区域损坏设备设施的报修，学生餐饮纪律管理和对餐厅工作的援助，学生收费的逐个核对，急病学生的紧急送医，随手关灯一事的落实，家校沟通的日常事务和家校冲突事件的信息报送以及解决办法的研制和具体实施，周末大扫除和全校消毒事务，校内教师教育的系统安排和教师外出培训活动的管理，校园网的管理和新闻发布，阅览室、实验室等教辅部门以及学籍管理、健康档案建立等与教育教学管理部门的对接，学校接待来宾或安排大型会议，外事接待和外教日常工作的监督、沟通和服务，招生工作和学校特别宣传事项，周末家长会加班……这一层面的日常运营，显然也是学校管理的重要组成部分，并且需要全体教职工以出义工方式作为本职工作的延伸来完成。相比学科教学和班主任工作，这些公共事务的安排是相当复杂和琐碎的，而这一层面的日常运营机制的设计，恰恰是学校管理的软肋所在。

某一年级的教师团队或某个学科的教师团队，摆脱了管理层的压迫或者在明智的学校领导者的引导之下，将自由时间和个别化的认知集合起来，去解决那些有趣的、重要的或者紧急的任务。基于理性判断价值的观念和解决问题的办法，将教师的自由时间和特殊才能汇聚在一起，共同创造，增强做有益之事的能力，这是学校发展产生总体教育实力和创造巨大发展新机遇的关键要素。谁能充分利用这一机遇，谁就能改变教职工的行为方式，并给学校发展带来新的机遇。这就是研究和反思的力量。

"设计"是校长每天要做的活动，学校管理工作的成效与校长在以上两个层面的设计能力和经验密切相关。好的设计是创造实用性和意义性相结合的产物。在北京，我到一所香港人办的幼儿园去参观，在走到大厅中央时，发现有奇妙的回音。孩子们很新奇地在这里走动，离中心远一点回音很小，而到中心点时回音则明显加大，孩子的表情表达了对这里发生"奇怪的事"的惊讶。儿童期是人生的浪漫期，学校需要更多类似的能让孩子感到"惊讶"的设计，让孩子感到新奇、有趣，并激发他们探求的欲望。实用性和意义性结合，可以改造和创新学校的很多项目，包括设备、设施和管理模式、行为要求等。

校长的影响力，关键在于"行政与专业融合"

当了校长，意味着您是一个专业行政领导，不是专业领导也不是行政领导，而是专业与行政融合的领导。一名好校长，不仅仅是一名出色的专业行政领导，也应该是教师们心灵的好向导。校长如果能够做到真正地关注到学校每一位教师的需求，学校才会整体进步。

1. 不做"专业师傅"，而要做鼓励别人心灵"破壳"的向导

校长，不只是优秀的专业教师，虽然常常是因为"教而优则仕"成了校长，但并不意味着用专业教师的思维和处事方式去领导学校，一定能够取得成功。

有一位校长跟我聊，现在的一些老师上课"功力"不行。有一次他听了同学科的某老师上的课之后，毅然决定第二节课由自己来上，然后与该老师讨论应当如何上好这类课。

显然，这位校长没有跳出"专业领导"的处事方式，如果你是一个"专业师傅"、学科教研员，这样的行事方式或许没有什么不妥，但作为一个校长，你更要考虑的是，每一个人内心深处都有一位潜在的自己的导师，一个人的进步需要依靠这位"内心潜在的导师"。

作为校长，要以安静的心态面对别人的问题，去鼓励别人的心灵"破壳",不是简单粗暴地对待教师专业的不足,而是允许别人以他自己的水准和速度去自行发现不足、问题以及应当努力的方向。

校长应当投入精力去设计学校组织的学术活动机制,让每个学科教师在"服务于共同体指向"的专注思考中,听到自己"内心潜在的导师"的话语。

2."一团和气"不一定好,一定程度上的冲突是保持学校活力的"秘方"

校长,也不是一个纯粹的行政官员,可能你是因为"勤而优则仕"成了校长,你在教育行政机关表现优秀,然后下派你到学校当校长,这并不意味着用通常的行政官员的思维及行事方式去领导学校,一定能够取得成功。

有一位校长跟我聊,学校中的一些老师包括一些专业特别优秀的教师,没有基本的行政规矩,对于一些"行政潜规则"毫无知觉。在机关,领导要求的,作为下级必须努力将这一要求完成,而在学校里对校长的要求总有异样的声音,总是在问"为什么""凭什么",对校领导的决定和校长的指令常常抱怀疑的态度,甚至"不把校长当校长"。

显然,这位校长没有跳出"行政领导"的处事方式。学校与行政机关的环境、组织结构有着明显的差异,复杂性、多样化、差异性是学校的环境和组织结构的特点。

虽然学校也需要像一般组织那样的行政规矩和规则,但学校更重要的是基于教育本质内含的"教育的良知"或"教育者的良知",在师德约束的最基本层面上,教育的良知要求教师在作决定时更多地考虑学生的利益,而不仅仅是出于教师自己的愿望或校长的行政指令。

正如"将纤薄脆弱的芦苇编织起来,能够做成结实得足以盛放重物的篮子",当许多教师微小的克制、善待孩子以及对学生、同事的体贴编织到一起,就形成了一个和谐而繁荣的"学校教育场"。

在此前提下,表面上的非教育本质方面的"动荡"虽然是一种麻烦,但冲突与压力对于解决学校教育教学以及管理、服务中的技术问题有很大帮助。成功的学校并不是"简单一团和气"的学校,一定程度上的冲突或许是保持学校活力的秘方。

我见到太多的负责任的下属干部,他们有一个错觉,认为其他教师都不像他们那样"好心":不那么诚实、负责任、关心体贴和遵守校规,表面上在爱学生实际上可能是为了赢得家长的回报。"把所有教师作为经济人进行描述",这样的倾向常常产生言过其实和管理过度的局面,从可持续性角度来看,将会对学校事业发展产生不利的影响。

校长如果只有控制心态并固执地利用特别强力的控制手段,最终学校会变成简单的、机械的、表面上完美的组织,这与学校组织追求的品质内涵是相悖的。

3. 多依赖非正式权力,多利用非正式场合,校长的影响力就这样形成了

校长作为专业行政领导,面对的是两套行政管理层级,一套是民主化的、自下而上的专业人员层级;另一套是科层化的、自上而下的支持人员层级。校长能够影响教职工并把他们紧密团结在自己的周围,不只是缘于职务权威,更是基于良好人格魅力的行事风格。

一是要用大量的时间处理组织中的混乱情况。学科教学之间、学科教学与德育之间,即使你考虑再精细,也常常会感到漏洞百出,各个部门所管辖的边界常常会发生冲突或者留有空白,协调的事几乎每天都要进行。无论多么强调精细、完美,粗糙的管理总是发生在眼皮底下,校长需要耗费大量的时间耐心地进行纠偏,突然有一天,校长会发现这些现象得到了彻底的改变,影响力所发挥的效果总会在不知不觉中突然冒出。

二是做好服务。校长要充当组织内部的专业人士与组织外部的相关行政人员之间的桥梁,为专业人士排忧解难,就有关专业事宜、有关教职工切身利益的事宜,进行必要的公关。一所学校最值得尊敬的是那些奋斗在第一线的教职工,尽管确实存在一些不负责任、水平低下的教师和懒惰的员工,但学校之所以能进步而且业绩明显,仍然是因为有相当多的教职工是在认真履行他们的职责。校长应当充满敬意地看待那些诚恳工作并拼命努力的教职工,不断消除那些欺负教职工的官僚现象,尽最大可能去解决教职工的现实问题,特别是要做好帮助教师专业发展的事项和与外部行政人员联系的事宜。

三是依赖于非正式的权力,并运用巧妙的办法,对专业人员施加战略影响力,以促进教育教学技术标准的构建和提升。管理在技术上是简单的,而在人际关系上却是复杂的。"打造良好的人际关系是组织成功的基础",校长应当熟练掌握建立信任型关系的技巧,包括表现出对教师的真实关切,对教师的关注点感兴趣,意识到教师私人的兴趣,等等。战略影响力不是在正式宣讲中形成的,更多的是需要在非正式场合的沟通中达成共识并逐步扩展影响面,其扩散效应是放大式的。

有意思的是,专业人士对高效的专业行政领导会产生某种依赖性。作为校长,你完全不需要时时施威,更不必恐惧教师忘了你是一个校长,只要你做到办事公正高效,专业人士对你会特别信赖,权威和声望会自然形成。

当生命处于"校长状态"

管理学校只靠校长一个人做事是无效的,校长只有带领大家一起长期努力做事,才能产生效果。如果离开了民主精神、离开了科学求真,校长将成为一个自说自话的人,难有号召力。我从县教研室主任到县中校长,从省教研室副主任到杭外校长,从搞学科教研转型到学校管理,在职业身份的改变过程中,经历了困惑、适应和创新发展三个阶段,有一些经验和思考值得总结和回味。

1. 不容回避的压力

工作转型是一种磨炼,虽然教研人员、校长同属于教育系统,但毕竟学科教学研究与学校管理有很大的差异,况且当时学校又处在规模扩张的转型期。对于校长来说,压力主要来自以下几个方面:

面对复杂的学校现实,深感自身的准备不足。面对当时矛盾较多、人际关系复杂的省教育厅直属单位,加上从40多亩地的小学校扩大到400多亩地的大学校,从面向杭州市招生到面向全省招生,从低收费到按成本收费,又恰逢新校舍刚落成、新教师大量涌入等大变迁,原有的教研经验,在新的学校管理岗位上,似乎没有借鉴的价值。

教师的民主化、科学化诉求,挑战领导和管理权威。从机关到学校能明显感到行政规矩的落差，相比机关总觉得学校的政令不畅、行政执行力不够，因为教师的思想及行事风格是崇尚自由、追求真理，少有服从行政权威的意识。另外，一所学校总会有个别教师有挑战领导管理权威的喜好，并想以此成为"群众英雄"和"民间精神领袖"，这些挑战，对于一个教研出身且初来乍到的校长来说，压力可想而知。

探究教育本质、管理理论及学校特点并在此基础上理清思路，是一件不容易的事。学校转型需要提出新命题、新思路，而学校发展思路既要符合自身特点，又要遵循教育规律，还要适合管理规范。如何寻找和构建适合教育的、适合转型期学校特点的、适合新教师占很大比例的管理理论体系，在此基础上形成学校工作思路、发展规划并让广大教职工接受，逐步落实到行动中，成为我面临的重大挑战。

学科教研经验带给自己的"教育学立场"，对于现实的管理来说可能是一种障碍。因为凭着积累的学科教学研究及教研业务管理的经验，总喜欢表达自己的想法，而在不了解教师和学校现实的情形下，宣传和推广自身的观点，往往脱离了工作的主线。自身的经验辐射到其他教师身上其实效用并不大，真实的学科课堂与理论型的教研成果，是没有简单的对应关系的。显然，我的教研管理经验与正在进行的学校管理之间，有着明显的张力。如何保持学科教研经验、学校管理现实和教育学立场之间的平衡，对于自身的智慧，提出了更高的要求。

面对工作转型引发的生存性压力和发展性压力，我心里很明白，"谁不识时务，谁就要被边缘化、被淘汰"，抱怨和后悔没有任何作用，在困境中只有靠自己拯救自己，挺过去了，就能有跨越式的发展。

2. 改造自身的经验

我常常在想，组织为何派我去管理学校？理由只有一个——我有与教育教学相关的教研管理经验。我之所以有如此多的困惑，是因为我的经验与学校现实、实际工作的侧重点发生了背离，并不是经验真的没有价值，只要在反思的基础上对原有经验进行合适的改造，一定能生发新的价值。

学者的生存之本是理论，教师的生存之本是学科，管理的生存之本是实践。作为校长，必须了解和研究学校管理中的现实问题，例如：探究巨型学校与小学校的差异并提出新的"条块结合"管理模式，引领教师专业化发展的具体措施，教学如何让"学习"有效发生，德育工作的实效性事宜，学生管理如何做到宽严有度，中层干部行政意识和精细化工作要求，后勤服务社会化与开源节流……这些问题想明白了，生存之本便找到了，同时也会发现原有经验的价值，主动改造自身的经验和话语系统。慢慢地教师会发现，校长并不是一个外行，而是有教研经验和管理智慧的领导。

改造自身的经验有两个条件：一是理论把握，二是实践关怀。教育管理涉及的理论具有多重性，用单一的政策或学科方法无法提升原有经验及有效利用相关的信息，需要基于理论的多重性寻找处理问题的理论依据并构建个性化的解决方案；学校工作体系的综合成分导致管理实践的多样化，从管人、管事、管钱、管物、管教育、管教学、管行政服务、管安全等多角度，寻找有效、实用的措施和办法，并从中学会系统思考，这一切只有教学研究经验是远远不够的，需要更多的实践反思。

虽然教研工作和教研管理的一些经验积累与学校管理没有直接对应性，但是，将这些经验加上一些补充因子，还是能找到有用的迁移源的。教研管理与学校管理毕竟属于教育体系并且对象是相同的。无论是教研经验还是管理经验，要进行宣传和推广通常需要具备三个特征：简明性、可操作性和启发性。

简明性，指用一些道理将理论简明化；可操作性，指不要讲大道理，在做事的程序和要领上下功夫，能形成一套模式；启发性，指观点有用而且有效，教师能从中得到启发。掌握了教研经验的这些特征，每一项教研活动参加者踊跃。同样，学校管理中的经验总结或号召，若能紧扣这些特征，教师也不会感到校长的讲话令人讨厌，反而希望校长多讲话，多开会，多提要求。

同时，要积累新的管理经验，将管理中的一些具体案例归纳并升华为一般操作模式。将日常管理、每月主要事务、校长常规会议和活动、重大节假日安排、安全突发事件处理、家校冲突解决办法、教育教学质量监察、学生管理状态研判、教师思想动态信息获取等提升为常态化工作程序和规则，在此基础上构建校长的行为文化和学校文化。

管理者要建构各项工作的操作模型，并使追随者、被管理者了解和适应模型，这是管理者和被管理者生存的一种方式。学校内涵发展的第一指标是各级干部能专业化地做好行政和专业事务，全体人员都能精致化地做好相应工作。实践证明，管好学校只靠大思想和大道理是远远不够的。

3. 创新管理思维

随着时间的推移，我已逐渐进入了"校长状态"，正因为如此，当浙江省教育厅决定对杭外的一些政策作调整时，我选择了离开并到了北外附校延续我的"校长情怀"。作为学校管理者，我常常讲的一句话是，我们应当为教育、为学生、为整个教师专业团队留下点什么。

无论是做教研工作还是做学校管理，关键是要有自己的思想、思维和话语，要建立"接着说"而不只是"照着说"或"只管自己说"的话语体系。一方面要学习，另一方面要消化、吸收并形成自己的思维体系和话语体系。学校管理首先是教育质地的管理，站在"教育学立场"看问题是思想正确的前提，学校的所有问题其实质都是教育问题，需要用教育的办法去解决。

对于教师管理来说，教师专业发展的自觉性是基础，一切管理只要以实现教师更好发展这一"善"为出发点，即使需要教师作一些利益牺牲，教师都愿意接受。因比，校长需要花大力气建立教师发展的宏观战略并与教师达成一致，重大事情事先征求意见并作一些必要的妥协，以援助者的姿态礼遇教师，让广大教师感受到一个智慧型管理者的魅力和气质，而不是觉得校长是一个盛气凌人的官僚，这样才能凝聚人心、调动积极性，推进事业发展。对于学生管理来说，要把着眼点放在学习和发展上。教学的唯一目的是让"学习"发生，教育的终极目的是"为了学生的发展"，要把研究教学的关键放在学习有无发生上，把研究教育和学生管理的关键定格在是否有利于学生成为独立自主的"完整的人"上。

到了北外附校，我组织干部共同研制了《学校改进行动方案》，并得到了教代会的通过。这一方案确立了切合学校现实的新思维，建立了学校管理的新话语系统，而且被广大教职工接受。方案实施效果十分明显，生源爆满，教学质量实现了跨越式发展，学校改进方案中提出的要办一所"复语复合型"外语特色学校，得到了上级部门的充分肯定，被列为"国家级高中特色发展试验学校"。

  转眼间，化学教研员、教研室副主任等概念已离我远去，我常常到网上寻找自己当年发表的教研论文并追忆过去的岁月，此时却发现，教研经验其实是我的学校管理思维发展的生长点。只要能改造，过去的经验对于当前事业来说都有积极的价值。作为校长，我深深懂得，"人的教育"是复杂的命题，也是永恒的话题，为此，应当不断追求、乐此不疲。

第二辑
学校治理与学校变革行动

——

亲历 20 年来中小学及其管理的变化,我明显地感到,目前的办学环境、氛围和内部管理水平相对于我初当校长的时候,已有很大的改变。

跳出理念层面，推动转型变革

亲历20年来中小学及其管理的变化，我明显地感到，目前的办学环境、氛围和内部管理水平相对于我初当校长的时候，已有很大的改变。但是，中小学管理的现实离家长和社会的要求仍然存在不小差距，而且似乎裂痕越来越大。

1. 办学环境改善，复杂性依旧

中小学校是一个复杂的组织，随着中小学办学体制由单一的政府公办模式转变为"公办、民办及民办公助、公办民助、国际学校"等多元模式，加上新的办学模式相应法规正在完善中，中小学校办学的复杂性在某些方面可能超过了其他行业。

首先是人的复杂性，即使是纯粹单一的组织，人的行为受社会、环境、情感因素还有其他非理性因素的影响，本身就十分复杂，加上教师、职员的身份趋向多元，中小学校的人员组成变得更加复杂。其次是管理过程的复杂性，中小学校的各项管理不是单独地发挥作用，而是相互影响、相互联系，共同构成了整个管理系统，只重视某个部门、某个方面而不顾及整个学校工作，对某一工作过度重视而忽视了其他方面，就可能使管理过程发生中断甚至瘫痪，从而导致整体管理效率的下降。再次是学校文化的复杂性，有主流的学校文化，还有许多亚文化，由于个人价值观的不同，各种观念体系会有很大不同，加上来自外部的思想、文化、经济以及价值观的影响，中小学校管理环境变得十分复杂。

中小学校的管理，有以下几个方面难以掌控：

一是中小学校的管理输入和输出不匹配。中小学校的绝大部分行动都受非线性因素的制约，输入一个特定的刺激，系统会有各种不同的反应输出，而且反应的输出和输入并不总成比例，并随着不同时空和环境的变化而变化。这些非线性因素，使中小学校的管理结果有了多种可能，无法预测未来，有时会使管理者无所适从，浪费了许多不必要的物力、财力和时间。

二是理想目标和现实的分离。中小学校的管理者花了很多的时间，研制了学校日常管理及改进行动方案，明确发展目标、管理目标和主要任务。但是，这些目标和任务是根据已有信息、通过预测而得的，由于中小学校自身的复杂性和管理环境的复杂性，常常发生偏离甚至严重偏离学校目标、任务和要求的事件，或者有一些教师根本不知道学校的目标、要求和行为规则，导致中小学校管理目标和发展目标的"自说自话"。

三是影子系统对合法系统的干扰和影响。中小学校组织内部或外部建立的正式联系，属于合法系统。影子系统则是组织成员建立起来的非正式联系，这种联系所遵从的思维和行动规则，实质并不执行当前组织的主要任务。影子系统每时每刻都在影响着学校的运作，不断地与合法组织系统发生冲突，如果没有及时预见，会导致中小学校管理的失败，甚至迫使合法系统的崩溃。

四是管理中的混沌现象。一个系统在运行过程中，包含稳定、不稳定和奇怪的轨迹。奇怪的轨迹既稳定又不稳定，处于稳定和不稳定区域之间的边界，这就叫作混沌。在中小学校管理中，某些因素由于初始条件的敏感性，积累达到一定的域值，会发挥负面影响，致使管理系统陷入瘫痪状态。特别是对于民办中小学、国际课程项目来说，因其人员来源的地域很广，教师的生活习惯、文化背景都不相同，更容易出现一些微不足道、莫明其妙的奇怪因子和奇怪行为轨迹，致使常态的管理行动常常会被误会或被异化。

2. 面对转型变革，应当积极应对

此外，随着社会经济的不断变革，中小学校目前处于发展转型的重大变革之中，面临着更加复杂的环境变化：

一是教育需求新旧并存，"分数本位""应试教育""升学第一"仍然是一种普遍性需求，同时"能力本位""个性发展""创新品质"等现代教育需求在不断地呼唤教育的变革；二是中小学校政策新旧交织，旧的政策和制度仍在发挥重要的惯性作用，新的教育政策和制度又在不断地推出，虽然中小学校的教育政策有了很大改善，但由于体制使然，仍使人感觉缺乏稳定性；三是面临更多的利益冲突，既要面对教育行政部门的统一要求和规范，又要符合中小学校自身的生存需要，还要满足社会和市场的需要，更要充分考虑学生和家长的利益，但这些方面的需求和利益却常常不能融合；四是中小学校教育任务和功能不断扩展，从单一的面向学生的教育教学活动的组织，转变为同时拥有学生发展、教师发展和学校发展的多重任务和功能，民办中小学还承载着"民办责任自担、公办责任承担"的重压；五是管理对象和服务对象发生了质的变化，教职员工的学历层次、文明素养、民主意识有了很大提升，学生和学生家长对中小学校的要求也越来越多，对学校管理和决策的参与要求和能力也越来越强。

由此不难发现教育工作的复杂性，加上中小学校管理难以掌握的特质，中小学校所处的环境已从相对封闭、相对单一的环境转变为变化较为频繁、较为开放、较为复杂的环境，这一切都要求中小学校管理者作出积极的应对。

3. 教育理念成熟，办学未必先进

经过几年的培养和实践，中小学校拥有了一批掌握前沿教育理论和管理理论的校长，有一套较为成熟的办学理念和领导思路。但是，这套理念思路究竟有多少被教职工具体化，又有多少能融入课堂，以及如何检测其成效？

中小学校校长的管理理念和意识，下达到各个部门、各个年级再到课堂，存在明显的"衰减现象"，从理念到行动，从设想到落实，还存在着明显的"言行不一"。管好学校，有了行动纲领，更要有具体的措施。目前来看，

对于管理理念，家长和社会常常是肯定的；而对于实际的管理，中小学校还有很多提升的空间，也常常被家长和社会诟病。在管理还十分粗放的情况下，中小学校如果不屑于"管理"而继续去追慕"理念领导"的虚荣，必然形成"领导"过剩与"管理"短缺的局面，而"领导"与"管理"的失衡终将导致"理想"与"现实"的断裂。

从中小学校当前的管理实践来看，校长如果不从"理念层面"解脱出来，只是自说自话地讲理念，至少会出现三种危害："理念"将沦落为虚饰、取巧的工具；"理念领导"成为新瓶装旧酒的华丽标贴，说得越来越好听，管理还是老样子；"理念"成了唯一可玩的奢侈品，到一定的时候肯定会玩不转。

英国前教育大臣鲍尔斯讲过这样一段话："家长们告诉我们，他们希望他们的孩子能在一所有序的学校里学习，学校的校长决不容忍欺凌行为的存在，对学生的行为有清晰的规定，对每一位学生都抱有高度的期待；家长们告诉我们，不论他们的孩子在学术或实践上偏长一端还是两者俱强，他们都希望他们的孩子能在学校里打下坚实的基础并获得良好的资质；家长们想知道，如果他们的孩子学习有障碍（如某一能力缺失或有特别教育需求的诵读困难症等等），这些孩子是否能及时得到所需要的帮助。"

一位教育大臣关注的也只是具体的管理，如何通过制度和管理"不容忍欺凌行为"，使学生获得"坚实的基础并获得良好的资质"，帮助"学习有障碍"的学生。现实中，学生中的"欺凌行为"偶尔还存在；对于优秀的学生中小学校如何使他们更优秀，这还要想更多的办法；对于"学习有障碍、心理有问题、行为有偏差"的学生，中小学校更要用专业化的好办法尽力去帮助他们。虽然鲍尔斯提到的这些期待平淡无奇，似乎远离了教育的高远立意或宏大命题，但实际上，恰恰提出了每所中小学校本该解决却又常常难以解决的基本管理难题。

"促进学校层面的改革，确保儿童接触到有效的、基于科学的教学策略以及具有挑战性的学业内容。"这并非针对教师的要求，而是针对学校管理的要求。因为对教学是否有效、教学策略是否科学、学业内容是否有挑战性的评判，都必须建立于课堂实地观察、教学效果检测、学生知识缺口分析、考试成绩追踪等一系列实证技术的运用，这不是教师个人所能做到的，而必须靠管理的力量去完成。

中小学校的进步整个社会都能感知，学校领导、各级干部和全体教师都在努力地工作，这一点无可否认。但是，相对于理念的成熟，相对于"领导"层面的认可，管理还需努力。如果"领导"只管自己继续一路狂奔而毫不顾忌"管理"能否跟进，中小学校营造的只是一种得不到结果的虚幻"领导"，虽然有吸人眼球、迎合媒体、应付检查、取悦上级的功效，但没有管理的跟进，中小学校是走不远的。

4. 加强规范管理，是最现实的话题

从价值实现的角度看，要求学校各级干部将办学观点或理念变成一种学校执行力，从而实现学校全体师生的共同创造；将办学目标和发展方向中的一些成熟思考，变成中小学校现实的优秀，变成中小学校全体教职工的共同优秀。

中小学校管理离不开权力，权力主要是指个人或群体对他人或其他群体所施加的控制或能够产生影响的力量。管理者的个人权威主要源于其所担任的职务，也即职务权威，这意味着任何担负中小学校管理者职务的人都能获得相应的权威。

中小学校管理者只有权威是不够的，更要有资质。有了职位，并不一定有了管理资质。中小学校管理者的资质是参与学校管理的条件，也是资格依据，主要包括能力、态度、行为和责任等。管理资质是管理者所应具备的能力，诸如良好的言语表达能力、决策分析判断能力、沟通协调内外关系能力、探索和创新能力等；管理资质是参与学校管理的积极态度，态度是管理资质的决定因素，是对自身能力的自信，也是承担责任的保障；管理资质是参与学校管理的科学行为，要切实地参与到学校管理中，并不断地进行行为反思；管理资质意味着责任的承担，在学校管理中，不应存在权力享有者与责任承担者身份错位的问题，而应该实现权力与责任的统一，成为决策者的同时要担负起学校管理的责任。

中小学校的领导要确立"团队领导"的理念，应超越"一个好校长就是一所好学校"的管理理念。校长是重要的，但办好学校只有校长一个人是远远不够的。同样的，管好一个年级，分管校长是关键，但没有建立良好的管理团队，分管校长再努力也是白忙活。

目前，大多数中小学校已成功地改变了基层团队的组织方式，变纵向系统为横向系统，变"金字塔"式的组织为"扁平式"的结构，形成多个集决策、管理、执行于一体的低重心的组织系统，制度化的放权是提高组织效率的关键因素。但是，决定这个制度最后成败的，还是人和团队，如果没有分管校长、年级组长、教研组长的紧密配合，有效的管理机制设定也无法形成好的管理绩效。

学校管理团队中的每一个人，都要主动参与、积极反思，并有团队意识而不是一个人为所欲为，这是中小学校管理的基本要求，是促进中小学校管理发展的永恒动力。要确保学校管理团队中每一个人员权力、地位的平等，拥有职责范围内同等的权力和平等的地位，既不存在主客体关系，也不存在权力、地位的等级差异，这样才能体现管理团队中每个人的主体性。相关管理者之间应该相互尊重、彼此信任，真诚地接受彼此意见，建立和谐融洽的关系，相信他人的能力，而不是把自己的意见强加于他人身上。鼓励学校相关管理者自由参与，实现学校管理的思维共享。

学校管理中的每一个参与者要勇于承担责任，共同解决学校管理中的问题。只有所有参与者共同承担起管理责任，才能保障学校的各项管理活动顺利进行。

5. 整合管理方式，调动教师力量

管理学校，至少要抓好三件事：

一是制度建设。这几年，各级教育行政部门帮助中小学校制定了不少制度，但在操作层面，在规范执行方面，中小学校还有很多需要完善的空间，特别是如何建立教师专业标准和考评细则，对中小学教师的专业工作进行日常检测和评价，并以此督促教师专业成长。

二是培育非制度性的领导要素，主要是各种类型的学术领导和专业领导，尤其是在课程改革背景下所形成的课程与教学的领导团队、校本教研和校本培训的领导团队等，充分发挥教研组长的学术领导作用和功能。领导中小学校需要制度化的管理和非制度化的引领相整合。

三是要确立每一个中小学教师都是管理者的理念。广义上讲，每个教师都有管理的任务和义务，每个教师都是专业领导者，都应当主动承担起改革创新的任务而不只是执行命令的机器。相信每一个教师都具有参与学校管理的自觉性、主动性和创造性，教师不仅具有执行力，也具有领导力和创新力，能够承担相应的权力并担负相应的责任。领导和管理中小学校的过程，就是一种不断提升全体教师的领导素养、努力增强教师教育责任感、发挥教师实际管理才能的过程。

中小学校其实是一个学习共同体，要使共同体内的广大师生形成共同意志、共同愿望和集体规范，积极而进取、宽松而有序、融洽而愉快地生活和学习，这就迫切需要中小学校的分管校长、中层干部、年级组长、教研组长以及学术团队的领军教师，能够尽快成长，成为真正的管理行家和教育专家。一所学校只有一个好校长是远远不够的，需要有一支不断学习、进取的工作团队，才会取得可持续的发展。

学校改进：让教育充满理想

校长对学校的领导，就是影响和带领全校师生实现教育目标的过程。校长、学校总是与问题相伴而生，学生没有问题，专业的学校也就没有存在的必要；学校的运行和发展没有问题，校长也就没有存在的必要。由于问题的客观存在及问题的长期性，教育的改进、管理的改进、学校的改进都是一个永不停滞的、不断向前的过程。

我刚刚担任北外附校校长时，学校的状况很不乐观，明显存在发展愿景模糊、组织结构错乱、制度建设不健全、学校发展停滞、教师队伍不稳定、教育质量不佳、办学风险显现等问题。为了尽快改变学校现状，我主持研制了《北外附校"学校改进"行动方案》。"学校改进"行动，改变了北外附校的面貌，给学校发展带来了新的活力。

学校改进是一个循序渐进、实现教育理想的过程，需要确立发展愿景、创新课程结构、改进教育教学、提高领导力，最终让学生以理想的方式成长。

1. 确立发展愿景，以教育理想凝练精神、凝聚人心

学校改进是一种充满理想主义色彩的过程，改进的方向是学校的理想目标，终极目标是实现教育理想，但这个理想是分阶段实施的，并不是直奔最高境界的教育理想。即使是最基本的问题也必须依靠教育理想来支撑，一味

指责学校现实中存在的各种问题，可能会伤害广大教职工的感情，最终会因失去教职工的援助而失败。

北外附校是北京外国语大学创办的12年一贯制学校，外语教学特别是多种外语教学是其一大优势，为此，因地制宜地提出"双复型"外语特色学校的办学目标，即培养掌握多种外语（复语）并有其他专长的"复合型"人才。"复语"是指两门或两门以上的外语，学生除英语外，还要求掌握一种非通用外语；"复合型"人才是指有复合型知识、复合型能力，并且具有科学创新精神的全面发展的人才。

学校发展愿景的确立，不仅表现为一个结果，还表现为建立机制和凝练精神的过程；不只是一个静态的理想目标，还是一个动态的、不断追求卓越的过程。"双复型"外语特色学校的发展愿景，是全校师生集体智慧的结晶。教师参与并分享整个愿景建立的全过程，参与学校战略发展的研究，主动将自己的专业发展和学校发展有机结合，理解、接纳和支持"双复型"外语特色学校发展的各项要求。学生有学习多种外语的需求，认同"外语语言能力将成为适应未来社会的一种硬实力"这一观点，并要求学校能想方设法有效提高他们的与人相处能力和国际理解力，希望学校有针对性地加强"同步学习多种外语"的方法论指导。

2. 创新课程结构，完善"国家课程的校本化实施"机制

课程改进是学校改进的核心。课程改进的逻辑起点在于：学校不是"规定性课程的忠实执行者和被动适应者"，而是课程制度的创生者。学校改进的核心内容是主动构建学校课程制度，形成学校课程规划、课程开发、课程实施、课程管理、课程评价等一系列活动的价值准则、行为规范和运行保障要求，完善的"国家课程校本化实施机制"是一所学校办学趋向成熟的主要标志。

北外附校的课程改进怎样突破"复语"外语课程融入现有课程体系这一难点？一方面不能削弱其他学科，另一方面不能增加学生过重的学习负担。为此我们研制了"复语"外语课程融入整个课程体系的全面方案，将现有课程分成四大板块：基本课程、强化课程、微型课程和自由学习。基本课程是学校课程

中的基本或核心部分，是教育行政部门所规定的必修课程和限定选修课程；强化课程是对学生某项素质发展加以强化而形成的课程，"复语"外语课程属于强化课程；微型课程即容量小、持续学习时间短的课程，是一种非常灵活的课程类型；自由学习可视为一种"准课程"或另一种类型的"虚有课程"。

按此思路，北外附校成功地开设了英语、德语、西班牙语、法语、日语、韩语等多语种课程，学生学习两门外语（其中一门为英语）被纳入整体课程和毕业学分要求。整体课程方案被列入北京市教委统一管理的国家级高中特色办学试验项目，试验成果多次受到区、市教育行政部门的表彰。

3. 改进教育教学，让学生以理想的方式成长

学校改进的终极目标，是为了以理想的方式实现教育的理想，使每一个学生都能得到更好的成长和发展，这就需要研制涉及德育、学生管理、课程教学等方面的全面改进方案，需要有规范、制度和规划来保障。

德育改进的重点，在于如何组织有效的活动。每个学生都有表现自己的冲动，总是有事要讲、有话要说、有思想要表达、有才华想展示，如果不给学生正面表现的机会，学生就可能去寻找反面表现的时机。北外附校把活动作为德育工作的重要平台，以活动为载体，以活动中良好人际关系的建立为抓手，培养学生良好的德行，使学生成为合格的"公民"、未来社会的优秀分子。

教学改进的主题是"让学习发生"。课堂是学生学习的地方，没有学习发生，课堂就是"教"堂，失去了其存在的本来价值和意义。北外附校的教学教研改进抓住一个关键点：如何"让学习发生"。教师在课堂教学中重视推动学生有更多的亲力亲为的学习行动，通过有组织的学生学习和体验活动，让知识内化、让理解深入、让学习发生，树立"以学生学习为本"的教学观念，全面打造简约、清晰、平实且直面核心知识的课堂教学。教研组除了研究学科知识和教学知识外，逐步把重心转移到如何组织学生学习、如何实现有效学习上。

学生管理改进的主题是：让学校离"家"更近些。北外附校的学校改进方案中明确提出，班级是学生生活的"小社区"，属于全班学生的领地，而不只是班主任的封疆，班主任要引导每个学生成为这个"社区"的成员，让学生成为班级管理的主人和班级日常活动的主体。年级是学生生活的"小社会",年级组长要致力于维持这个"小社会"的秩序,并谋求每个社会成员正确的社会生长,从科学、艺术、文化以及相互交往等方面安排和落实年级日常活动、专题活动和重大节日活动,开展按兴趣和能力选择课程、走班等课程活动,同时让学生承担起服务这个"小社会"应有的责任和义务。寝室是学生的"家",学生在其中获得教养和道德的训练,培养与家庭生活相联系的价值观念和生活能力,从而获得勤勉、节约、有序、关心他人的权利和意见的习惯,特别是每个成员的活动都要考虑家庭共同利益的重要习惯。

4. 理顺内部管理机制,全面提高学校领导力

学校工作由教育和管理两方面构成。教师对学生施加影响进而引领学生健康成长,是以校长对教职工施加正确的影响为前提的。因此,提高学校领导力是学校改进的重要任务。

第一,提高校长的领导力。校长的组织权力是校长职位带来的,组织权力可以区分为三种类型——强制的、功利的、规范的,分别给组织成员带来三种类型的融入组织的态度——疏远的、精于算计的、道德的。校长的强制型权力会造成学校教育功能的失调,出现反教育行为;校长过度利用功利的权力,将引发教师和学生精于算计的融入方式,带来的是一种低强度的组织效能;只有规范的权力类型才能带来教师和学生高强度的、积极的融入,从而产生道德的、合乎教育性的一系列行为。校长除了拥有组织权力带来的外赋影响力,还应更多地拥有专家型、感召型的内在影响力。提高校长的领导力,要把目光从"具体事务"更多地转移到教育的本质和"人的发展"上,关注教育的意义和价值,关注所要达到的目标是否正确、是否值得。读懂教师,激发教师的主体意识,让教师自我发现教育真谛,帮助教师成长……这一切,是校长自身提高领导力的主要内容。

第二,加强和改进教师领导力。学校组织成员多个层面的领导力中,最关键的是教师的教学领导力。教师专业发展中的很多问题,其实不只是学科知识和学科教学知识问题,还包括以影响力为本质的教学领导力问题。一个缺乏教学领导力的教师，无法满足现代学生学习的需要。在学校改进中追求教学领导力的提升，其中重要的一项就是调整教师的协同作用和互惠影响，及时纠正教学行为的偏差，将教师的课堂教学行为置于学校改进的背景中进行评价，让教师充分认识到自己是学校改进的主体之一，应该成为"当事人、推动者和促进者"，直接参与学校改进。

第三，让学生拥有领导力。领导力并不只是针对领袖人物而言，也不只是指向学生的未来。对人、对事的领导才能是每个人的基础能力，在瞄准共同目标的前提下积极影响团队、有能力承担起做好事情的责任，这是对每个学生的现实要求。学生领导力的培养不能离开学习基础和一些最基本的公民素质，诸如"才智、自信、决策力、正直、社交能力"以及沟通能力、合作能力、组织生活能力、团队合作能力、欣赏能力等。学校改进要着眼于课堂教学，强调基于个体学习的合作学习、重视各种知识经验的学习、关注接受与探索发现相结合的学习；同时要重视课外和非正式课程，如学生自治组织、班级管理、社团活动、专题教育、主题节日活动、体育比赛、宿舍管理等。

根据学生人数多、年段跨度大的现实，北外附校研制了"调整学校内部管理机制的实施办法"，分别从政治的、人力资源的、象征的、结构的角度理顺内部管理关系，全面提高学校领导力：从政治的角度建立行政管理系统，突出民主和规则意识，完善各类规章制度，提高行政执行力，借助教代会推进民主管理、解决总体要求与教师诉求的冲突，保证政令畅通；从人力资源的角度建立专业管理系统，寻求组织与个人一致的发展需求，落实教师常规培训和日常教学研究制度，谋求全体成员的共同进步；从象征的角度建立学生活动系统，通过建立愿景、营造良好的校园文化、寻求活动的意义，开展形式多样又富有教育意义的活动；从结构的角度建立后勤服务保障系统，建立后勤服务的标准、技术要求及质量目标，加强规则和制度意识，营造以教育教学为中心的管理环境。

学校改进行动，使北外附校迅速崛起，无论是内部管理、学生行为表现、学业水平都得到很大提升，短短几年时间，从一所求人入学的薄弱学校成为优质生源向往的"热门"学校，社会美誉度也与日俱增。

落实《管理标准》，提高学校的治理能力

2014年8月，教育部颁布了《义务教育学校管理标准（试行）》（以下简称《管理标准》），从顶层设计的高度对义务教育规范办学提出了一系列刚性的要求。"规范学校办学行为，提高学校治理能力，直接关系到义务教育的质量和水平，关系到国家义务教育政策的全面落实。"对于学校发展过程中涌现的各种问题，如果没有采取有力的治理措施，问题会越聚越多。但是，如果离开了对于教育质地的坚守，离开了办学的基本标准和准则，只是就事论事地开展相应的教育治理行动，学校教育可能会变得更加糟糕。

1. 教师：学校教育治理的关键要素

北师大教授褚宏启说："教育治理只是教育管理的一种形态。教育管理的外延远远大于教育治理的外延。严格讲，教育治理强调多元共治，强调教育管理的社会参与和民主参与，是教育管理的一种高级形态。"教育治理的显性特征是多元参与，首先是教师的主动参与，学校任何一项改进行动都离不开教师的支持。

《管理标准》的内在价值就在于：从中可以找到教师自身的不足之处并不断完善自己。对学生进行养成教育，培养其良好行为习惯和健康生活方式，使其拥有良好的道德品质；努力营造良好的学习环境与氛围，激发和保护学

生的学习兴趣；采用灵活多样的教学方法，因材施教，培养学生终身学习的能力；帮助学生掌握科学的学习方法，养成良好的学习习惯……

每个教师都可以从《管理标准》中感受到时代发展、教育发展与自身知识、经验的冲突，更能理解"加强学习，阅读经典，提高修养"的必要性，特别要汲取以下方面的知识——专业领域的知识、教育政策的知识、学科领域的知识、教学法的知识，并在教育教学实践中不断增强自身的修炼，包括完善对教育的道德目标、更加微妙复杂的教学知识以及教育教学问题的个人认识。

《管理标准》中没有出现对于教师"圣人式"的完美道德要求，而是对教师职业底线提出了切合现实的基本要求。例如："要求教师衣着整洁得体，语言规范健康，举止文明礼貌""要求教师尊重学生人格，不讽刺、挖苦、歧视学生，不体罚或变相体罚学生，不收受学生或家长礼品，不从事有偿补课"等。因为对教师理想状态的崇敬并不等于普适性的基本要求。

学校任何一项改进行动都离不开教师的支持，落实《管理标准》、规范办学行为、开展教育治理行动，成功的关键仍然在于教师的主动参与。教师是教育治理行动的主体，而不是被治理的对象。在贯彻落实《管理标准》过程中，教师如果只是等待校长对规范教育教学行为的统一指令，个人的发展就会错过机会；教师只有自觉地依照《管理标准》的要求改变自己，并承担起职责范围内的教育治理的主体责任，才能为建设学校教育治理体系提供强大的力量，并在这一过程中赢得发展和完善自己的机会。

2. 针对学校教育治理中的问题采取行动

《管理标准》在实施要求中强调："学校要将本标准作为学校治理的基本依据，树立先进的学校治理理念，建立健全各项管理制度，完善工作机制。"在"建设现代学校制度"的管理职责中，《管理标准》提出了"提升依法科学管理能力"等三项管理任务。现代学校制度建设最重要的关键词是"自主管理"，当然是基于"依法办学、民主监督、社会参与"前提下的"自主管理"，寻找来自学校内部的教育治理策略，是学校管理者实施管理的有效途径。

学校的教育治理需要成熟的愿景而不是盲目的计划。《管理标准》提出要"制定学校章程，规范学校治理行为，提升学校治理水平""制定学校发展规划，确定年度实施方案，客观评估办学绩效"。建立愿景最重要的策略是将学校愿景与教师个人愿景相结合，朝着通过教师行动形成的共同愿景推进学校的教育治理行动，更能吸引教师积极参与。

学校的教育治理要有正确的问题观。逐条对照92条管理要求，会发现学校存在的问题还不少，即使发展较为成熟的学校也是如此。这里要树立正确的问题观：把问题看成是很自然的、预料中的现象，针对问题开展有效的学校治理行动；善于对问题进行追踪和分析，知道下一步必须做什么才有可能得到所需要的东西；有找出问题、识别问题的慧眼，并掌握针对问题的工作技巧；有认真对待"问题"的审慎态度，不是强硬地将所有问题归因于别人的抵制、无知或者固执。"当我们对问题采取行动的时候，问题就成了我们的朋友。"

在学校的教育治理过程中，强制是必要的，但不是全部。《管理标准》中有一些强制的条目，例如"执行国家学籍管理相关规定，使用全国中小学生学籍信息管理系统做好学籍管理"，这些强制是必要的。

但是，学校的教育治理不能通过简单的强制手段来达成目标，几乎所有涉及教育价值的治理行动，都需要新的技能、新的行为、新的信念和新的认识。因此，"建立教师专业发展支持体系"，对教师进行一定的培训，是学校教育治理的前提。同时，学校还要营造浓厚的"学术民主、政治民主"的氛围。例如，"健全教职工代表大会制度""设置信息公告栏，保证公众对学校重大事项的知情权""搭建信息沟通平台，听取学生、教职工和家长的意见和建议"等。

在学校的教育治理行动中，如果只是很强势地"绷紧强制性的发条"，教师会用更多的表面化的东西来应付，热热闹闹的背后其实是肤浅的"花架子"。教育治理力量不忽略强制性，但强制性不会催生教师自我更新的动力。学校的教育治理需要建立更加科学的内部管理机制。《管理标准》提出：学校要"健全管理制度，建立便捷规范的办事程序，完善内部机构组织规则、议事规则等"。例如,"巨型学校"要考虑如何采取"条块结合"的办法,使日常管理更加扁平化,并使总体调控工作更加及时;小型学校要处理好"学术权力"和"行政权力"的相对隔离,使学术自由得到彰显并使行政执行力更加通畅。

3. 课程变革:学校教育治理的难点

学校治理体系关注学校组织的运行和内部治理状况、课程方案和课程实施机制、具体的教育教学过程、学校运行的规则体系,其中课程方案和课程实施机制是学校教育治理的难点。

《管理标准》对于课程和课程实施提出了一系列要求:落实国家义务教育课程方案和课程标准,确保国家课程全面实施;落实综合实践活动课程要求,组织学生开展研究性学习、社区服务与社会实践以及劳动技术教育;根据学生发展需要和学校、社区的资源条件,组织开发校本课程;引导教师创新课程实施方式,加强实践教学环节,提高课堂效率。

学校课程有两类结构,一是"正式课程",即国家规定的小学低段每周 26 课时、小学高段和初中每周 32 课时的课程;二是微型课程、准课程以及指向教育性的各类活动。把"正式课程"做好,虽然要花很大的精力,但至少其工作内容和方向是明确的;而微型课程、准课程以及其他指向教育性的活动,是相对难做的课程,因为没有具体的教材、标准和熟练的教师。

一所成熟的学校除了能够完整全面地开设"正式课程"外,还要有丰富的、成熟的指向教育性的活动或其他课程。"组织学生开展研究性学习、社区服务与社会实践以及劳动技术教育"以及"利用当地文化艺术场地资源开展艺术教学和实践活动","通过科技节、艺术节等形式,因地制宜组织丰富多彩的学校活动","组织学生参与卫生保洁、绿植养护、种植养殖等与学生年龄相适应的劳动","组织学生到基地开展学工、学农等综合实践教育活动"等,对于很多学校来说,并不是一件简单的事。

对课程以及课程实施中存在的一些问题,笔者认为可以从以下方面开展工作:

在教育治理的顶层设计中融入解决课程实施疑难问题的具体方案。关注课程和课程实施的教育治理行动，才有可能将治理的办法集中在真正起作用的地方，否则，学校的教育治理行动将成为"一个又一个令人讨厌的事"。

推进国家课程校本化实施策略。解决课程和课程实施疑难问题的学校教育治理行动，需要对课程进行重新架构，前提是不能随意地改变课程标准及其课程实施的习惯、技能和信念，课程的重新架构并不意味着可以随意变更课程。纠正学校教育中那些"反教育"的现象。教育必须充分尊重个体生命成长的复杂性，生命发展的复杂性并不是学校教育框架设计能够完全锁定其形态的，因此，教育必须小心地恪守自己的本分，"不拔高教学要求，不加快教学进度"，给个体自我成长提供必要的空间，避免教育的"过度"和"过早"。

学术型课程也要关注"学生的活动和协作"，协作常常是个体学习的强大推动力，交流思想、向别人清晰地传递自己的观点，学会妥协和追寻结论，这些活动本身就有教育意义。在学术型课程的课程实施中应当关注：培养学生不断了解自己、别人、世界的愿望，知道自己生活在充满思想和可能性的世界中，用"追求智慧、知识等作为学生生活及自身经历的指向所在"来衡量课程实施的状态。贯彻落实《管理标准》，推进学校的教育治理，其最大的价值在于"唤醒教职工所不能意识到的关于教育本质的一切"，这种唤醒只能在实际中观察把握，这一本"实际观察中把握之书"很厚，值得用毕生的精力去品读并付诸实践。

如何办出一所高品质学校？

学校的核心竞争力来自学校品质，学校可持续发展的过程也是追求学校品质的过程。那么，学校品质到底是什么？如何通过变革使学校的品质越来越好呢？

1. 高品质办学要关注每个学生的现实

一所学校的品质无法购买或借用，硬件一流不代表品质一流，条件简陋不等于品质低下。学校教育应当放弃那些对"身外之物"的狂热。现在，一些办学现象值得警惕：高喊让学生"成为大师"，却忽视了如何确保所有学生特别是"学业平平"的学生成功；不断地翻新关于特色教育的口号，却没有精力去做好具体的日常事务，打造"细节的魅力"；一所名校不仅主体巨大，还去复制几十所学校，名称的同质化并不带来教育的优质化；无休止地争取另类的特别政策并以此吸引更加优秀的学生；砸钱打造学校外表的华丽……这些狂热还迁移到孩子身上，总是想把孩子培养成学校认为的那个样子，而不去考虑孩子适合朝哪个方向发展；习惯于不停地唠叨学业成绩，而不对孩子明显的心理问题予以关注。

在一所高品质的学校里，每位教师一定会关注每个学生的生存现实。但在当前，相当多教师做不到，讲授、探究、对话、讨论、练习等一系列课堂设计,如果不是基于学生现实,就只是"完美的空谈"。只有将"关注学生的原有知识、兴趣和学习热情、学习有无发生"贯穿于课堂教学全过程,课堂教学设计才能得到有效实施。这也应该成为教师的职业本能。这种职业本能,难以像学科知识那样进行系统培训,主要靠教师的自我修炼。与每个学生保持最密切的联系,及时、主动地为困难学生提供帮助和服务,像关注自己一样关注学生的心理状况。

学校要有这样的品质追求:研究和了解学生自己想要的是什么,并创造条件满足学生的现实需求。如分层教学、分层作业、按兴趣走班、社团活动的广泛开展,等等。学校教育发展战略的构建和实施,都应当围绕"学生现实"展开。学生的"将来"存在于今天的"现实"之中,"关注学生"是学校的基本品质,也是打造学校教育实力的前提。

学校品质蕴含在具体的教育教学和管理活动中,需要长期坚持做"正确的教育"。良好的学校文化、优秀的教学案例和充满吸引力的教育故事慢慢积聚,富有魅力的学校教育特色方可形成。

2. 高品质办学要在改革中做好系统设计

追求学校品质更加卓越,这本身就是学校品质的重要元素。墨守成规、固执己见、依赖经验、抗拒一切新变化,是追求高品质办学首先要摒弃的思维陋习。

改革的目的是为了发展,学校改革针对的是真问题,需要科学地预估改革结果,并设计出正确的路径,做好详细的安排。在推进变革的过程中,适度、有谋略地推进是必要的,但必须遵循以下三项原则:

确立一个清晰的改革目标。一个"伟大的目标",往往激发教师们为未来而战,跳出眼前的小利益、小矛盾,推动团队走向团结与合作。千万不能陷入为变革而变革的思维陷阱,变道去搞一些与追求学校卓越品质无关的、非主流的、主政者独断意识强烈的所谓变革。否则,会导致朝令夕改、自相矛盾、扰乱军心等负面作用。

要有敏锐的眼光识别人才。提拔适应改革、有能力的人加入管理团队,团队中的每个成员应当是改革目标的坚决认同者和忠诚捍卫者。一所学校的成功需要很多"数一数二的先生""群策群力的先生",只有找到这样的人,启用这样的人,培养这样的人,追求学校品质的过程才可能高效。校长最重要的事,不只是争取项目、提出理念、建立愿景和目标,还要努力去找到这些优秀的"领头羊"。

寻找合适的改革时机。例如,从偶发事件中发现系统管理上的结构性问题,从某次重大活动中出现的偏差找到人事安排制度的漏洞,从某次测评出现的成绩落后启动晚自习管理改革,从某项艺术比赛中出现的业绩滑坡调整艺术组的工作格局……启动改革总能找到合适的理由,这种理由应当是针对问题的、向善的、道德的,是指向学校品质更加卓越的。这也是引导教师参与到变革行动当中并成为变革主力的最大动力所在。

总之,孩子和家长们需要的是实实在在的成长与发展,追求办学的高品质、走内涵发展道路是学校教育发展的必然方向。那些所谓的"捷径"追求的是一时的风光,却经不起时间的考验,经不起社会的质疑。

崇敬朴素和简约的品质追求

不知何时起,中小学教育远离了朴素,忘却了本应坚守的学校生活的简约以及作为知识分子的教师的纯粹。追求奢糜、豪华的办学成了常态,校长的能力体现在如何争取特别的政策上。优势资源多的学校更容易获得资源,忘记了"自己活,也要让别人活"这一底线,更谈不上自觉地用甘地所说的"生活简单,别人就能活命"来取代自由主义和自私自利。

现在,应当是重新审视"朴素"对于办好中小学教育的价值的时候了,有必要让朴素的教育情怀注入所有中小学办学者的血液。

1. 好的学校教育,在于"品质"的坚守

几年前,我在四川看到某县一所城乡结合区域的学校,虽然办学条件简陋,但学校朴素而有教育内涵的校园布局,对"留守儿童"富有爱心的一系列照顾和保护的管理设计,学生参与学校的劳动和在校园里跑操等散发出的"精气神",以及在课堂中刻苦学习的表现,让我十分震撼于这所学校充满优秀品质的特别气息。见到校长时,她向我介绍了她的办学理念,让我坚信这样一个道理:真正的教育家,应当是在离孩子最近的那些朴素而真实的小规模学校中,并不都是那些坐而论道者。

相比之下,北京有些学校几乎所有能远视的地方都装了大屏幕,甚至连

卫生间也装上电视屏，然后再教育孩子低碳生活和节约能源。离开了内在的信仰和价值追求的学校教育，最终将沦为自说自话和言行不一，聪明的孩子将会以远离的心态，看着大人们的表演。

学校刻意打造的特色和外观高贵的品质很容易给人一种错觉：只有争取足够的财力才能办出好的教育。校长再也没有了基于朴素情怀的对学校教育品质的追求，转而研究如何更机智地献媚于权贵、更多地为学校争取特别的政策，用"奢糜、豪华以及形式主义"追求学校的荣耀以及由此带来的成就和更多的政策支持。

北外附校以"确保每一个学生（而不只是某些学生）成功"的价值观统一思想，努力画好三个圆圈：教育的本质指向（人的生命成长），教育的技术和智慧（课程、学科、课堂教学以及德性养成），关注每一个学生的现实并提供个别化的教育服务。学校经常向教师灌输作为教育者的信仰：教育者是向所有学生的未来宣誓的，要敬畏并回应心中那个伟大的"神灵"——使所有学生（并不只是某些学生）发生对人生有益的变化，努力提高学校的全面教育实力。

学校的教育实力，关键在于拥有"用正确的教育方法做正确的教育"这一品质。"做正确的教育"，是一种价值标准，既包含短期考量也包含长远规划，既包含现实也包含理想，既包含功利价值也包含道德价值。办好学校，需要何种价值，需要坚守何种教育道德，需要何种学校品质，都贯穿和落实在"做正确的教育"之中。

2. 好的教育，在于有"教育良知"

李镇西老师说，"朴素"比"特色"更美丽，"良心"比"品牌"更珍贵。在这个浮躁而喧嚣的时代，更要遵守常识，遵循朴素，坚守良知。教育从来就没有捷径，更没有"亩产万斤"的神话。教育就是每天认认真真地上课，认认真真地和孩子们谈心……这就是"朴素的教育"。

北外附校提出，"美德养成与精神修炼"是学校每日必修的课程。美德是一种可拥有之物，它们可以被习得，可以通过积善成德的方式来习得和践行；

美德最好要在快乐的、幸福的关系中学会，很少有快乐和幸福感的孩子会变得粗暴、残忍。"我相信是道德教育把孩子们教坏了"，尼采这句话说得虽然有点极端，但是，我们应该承认某些形式的道德教育的确把学生教坏了，学校德育工作的失败，常常是在内容设计上出了问题。

善良是美德的核心元素，要让学生模仿善举来学会"善良意味着什么"，让学生成为一个善良人，不仅关涉到理智和道德的发展，也关涉到养成一种讨人喜欢的、有机整合的个性。要培养学生维持关怀关系的能力，明白被关怀的意义，然后教会他们关怀他人。让学生懂得"珍贵的伙伴或朋友能够帮助自身成为更卓越的人"，掌握一种可靠而又友好的方式，以建立珍贵的同伴关系。

教育并不只是鼓励人人都去做强者，而更需要促使学生形成一种积极的关于生活、生命的情绪。学校要有与精神修炼相关的设计，从而给学生提供精神修炼的"星星"，慢一点、从容一些，打造淡定和宁静的学校生活，引导学生走向富足的个人生活和更慷慨、更理智的公共生活，学生的精神境界也会变得更加成熟。

3. 好的课程，在于有"伟大魅力"

学校生活应当是家庭生活的延续，而不应与儿童原有的家庭生活经验相剥离；真正让儿童连接社会的是儿童本身的社会活动，而不是安静地坐下来学习那些枯燥的学科课程。小学学科学习的起点在于社会经验的反映和阐明，它必须产生在经验之后，学生活动的时间和范围应当多于静态的学科的那些事，走路、坐立、饮食、喝水、排队、集会、倾听、与人主动打招呼、开关门、做游戏、同伴相处、基本的生活自理等，都应当进入"课程化"的学校设计范围，学校不应当只关注学科知识，"活动作为课程的形式"与学科课程一样，应当是学校关注的核心。

对于儿童的学科教学的最大困难是：所有资料都以纯客观的形式提供，或者作为儿童已有经验之上的一种新的特殊经验。其实，学科教学之所以有价值，在于它给儿童一种能力去解释和控制已有的经验，从某种意义上说，学科为儿童提供的是更容易、更有效地调整经验的工具。因此，随着学校生活的深入，那些微型的"关于活动的课程"应当衍化为烹调与饮食、宿舍整理、手工、科技制作、电影拍摄以及其他学科实践活动等"正式的课程"。在理想的学校课程中，这些科目并不一定要先后连贯，因为这只是生活的一种表达，一切生活一开始就具有科学的一面、艺术的一面以及相互交往的一面。教学的进度的关键不在于连贯性，而在于对经验的新态度和新兴趣的发展，教育是经验的继续改造，如果非得搞出一个其他的目标和标准，便会剥夺教育过程的许多意义，从而导致人们在处理儿童问题时依赖虚构的和外在的刺激。

中小学教育的顶层设计，需要有这样一种导向：规模必须控制，小而精才是中小学总体布局合理化的发展方向；建立朴素并且生态化的学校规划，"朴素"甚至简约应当成为校园建设的主旋律；打造宁静的学校生活，营造认认真真地教学与学习的氛围；学校管理的方方面面需要更多的幽默和艺术感，校长管理学校应当有"幸福先于优秀"的观念，支持教育工作者的自由和"慢节奏"，以使中小学校成为远离烦躁的"圣地"。

第三辑
重拾课程与教学的价值

——

近年流行一本书《风口》,
讨论互联网环境下,
企业创新的"风口"在哪里。
如何找到教育创新和变革的"风口",
使中小学教育有更好的发展方向、
赢得更大的发展机遇?

创新和变革的"风口"在哪里？

近年流行一本书《风口》，讨论互联网环境下，企业创新的"风口"在哪里。如何找到教育创新和变革的"风口"，使中小学教育有更好的发展方向、赢得更大的发展机遇？这还得从教育基本原理和目前中小学教育的不足之处两个方面进行分析。

1. 从杜威的教育观看目前学校教育的某些不足

杜威说过一句经典的话："教育首先是生活的过程，而不是将来的生活。"学校必须呈现现在的生活，即对于孩子来说是真实而生机勃勃的生活，像他们在家庭里、在邻里间、在运动场上所经历的生活那样。

在旧时代，学校教育自然地与家庭教育、家庭生活互为补充。那个时候，家庭生活是田园式的，"儿童与自然景色直接联系，对驯养和照料动物很熟悉，对土壤的培育和庄稼的生长也了然于胸"，儿童必须参与力所能及的劳动、体能方面的训练，自力更生、独立判断和机智行动的能力，在常规的家庭生活和持续的家务劳动的刺激中得以很好地生长。学校教育的主要任务是承担家庭教育所缺失的那些智能训练，识字、阅读、符号运算、想象与抽象思维的训练等等与脑力有关的事，都是学校生活最重要的内容。儿童除了参与家务劳动和家庭生活自然地得到肌肉和体力等体能训练之外，还要接受学校精心安排的智能训练，这就保证了儿童的身心发展处在家庭教育和学校教育的有机平衡状态中。

随着社会的发展，家庭生活的方式再也没有了田园的痕迹，受过良好教育的家长开始模仿自身曾经历过的学校生活对家庭教育和生活进行改造，类似学校那样对子女开展智力方面的训练和知识讲授，似乎越是"负责任"的家长，训练和传授显得愈加过度和强迫。此时，与家庭生活的改变不相匹配的是，学校培育儿童的主要任务和工作方式长期以来没有根本的变化，一以贯之的还是那些脑力活动的事。

因此，学校教育应当审时度势，将身体心理的发展、生活训练的事、持家能力的培养等纳入课程体系，调整"课程地图"，重构能够保持儿童身心成长继续有机平衡的"新常态"。儿童对社会生活适应的能力才是学校教育特别是低年级儿童教育的重点。

2. 从赞科夫的教育观看目前学校教育的课程失衡

苏联教育家赞科夫说过，学校有两大任务：一是传授知识培养能力；二是指导和帮助学生"作为人的一般发展"。前者主要依托学科课程，后者主要依托学生活动，这些活动是指向教育性的活动，也是以课程方式呈现，相对于正式的学科课程，采用的是准课程、微型课程、自由学习等非正式课程的方式，但是，这类课程在学校教育中是不可或缺的。

学校教育的内容并不只是课堂里的正式学习，关于孩子生命成长的一些基本能力，虽然不是通过正式课程去教育，但也不是随意的、可教可不教的东西，什么时候教、如何去教、怎样评价教的效果，都需要在课程意识支撑下去进行设计、做出方案并逐步推进。

非正式课程在学校教育中对于纠正学生的行为偏差特别有价值。学生餐厅出现了中学生将包装完整的酸奶、完好的苹果扔到垃圾筒；洗手间里小学生把手纸团浸水后作为打人的武器，还有非常恶作的如厕不文明行为；中学生"潜伏"在围墙旁边，向无证摊贩购买食物……这一切，离开了课程意识，没有经过设计就去进行生硬的教育，就事论事的强制管理很可能会引发教育的粗暴，管理学生的最好办法仍然是课程意识之下的教育设计及其实施。学校教育管理中的一切问题，都应当通过教育的办法和课程的形式去解决。

3. 从我国古典教育观看学校教育价值的失落

从"学而时习之，不亦说乎？有朋自远方来，不亦乐乎？人不知而不愠，不亦君子乎？"的古训中，可以找到学校教育的基本价值追求。

中小学教师的任务是教孩子"学问"，"学而时习之"这是做"学问"的宗旨。学习并不只是坐在书桌前抄抄写写，多元化是学习的基本形态，观察是学习，体验也是学习，除了知识是学习的成果，见识的增长、良知的觉醒、心灵的净化都是学习的成果。正式的课程是在做"学问"；"非正式的课程"包括谈话、实习、参观、劳动、管理事务、交流、表演、沟通等，也是在做"学问"。教师教孩子"学问"，不只是传授知识，"学问是从人生经验上来，做人做事上去体会的"，孩子身边发生的所有事都是他们的书本，都是教育的内容。教师要指导孩子能够做到"随时随地有思想，随时随地要见习，随时随地要有体验，随时随地要能够反省"，然后，孩子发现自己慢慢地有了进步，就会"不亦说乎"而高兴了。

"学问"是需要讨论的，"有朋友自远方来"是跟你讨论学问的，这个远方不一定是空间距离的远方，而是从不熟悉到熟悉的内心距离。一个人只要有学问，自然需要知己，因为"分享"是人的基本心理需求，人有一种"对彼此联系有着内在的看重"的本能，有"学问"的人们更需要与一群有相似行为的人在一起。教师要指导和帮助孩子们创设一种可以自由分享学习、引发思考及发表观点的平台，让孩子能够充分地表达，那是很高兴的事，"不亦乐乎"。

"学问"的高度和内涵还体现在一个人的宁静和寂寞之中，当你的学问越来越纯粹时，懂你的人、你的知己也会越来越少，此时，也是走向卓越和讲究人生哲学的开始。有了忍受孤独的磨炼，内心深处没有怨天尤人的念头，人的心理才能长期保持健康。教师要指导孩子懂得对自己进行生涯规划，自觉检讨自己的学问、修养、做法等的种种问题，即使碰到艰难困苦，遭遇到了打击，也不怨天尤人，从而到达"人不知而不愠"的境界。

因此，作为中小学教师，除了训练孩子"学而时习之"的学习习惯，遵循孩子"有朋自远方来"的那种分享学问的心理需求之外，还要教导孩子懂得做学问需要宁静之下的思考和修炼，要拥有"人不知而不愠"的胸襟和气度。

4. 中小学教育创新和变革的"风口"在于"教育所必须，学校之不足"

无论是从中国古典的教育观，还是从国外流行的教育观，都可以找到目前中小学教育存在的某些不足和问题。"教育所必须，学校之不足"，"不足"和"问题"正是教育创新和变革的"风口"。

我所工作的北外附校至少在以下一些地方需要进行变革和创新：课程教学方式的"国际化"教学模式变革，需要研发中西结合的教学方式，并在部分科目和内容的教学上，需要引进全科型外教，形成外教、中方助教组合的教授方式；冰球、冰上运动、高尔夫球等热门课程，需要专业的运动类培训机构入驻；戏剧、乐队、艺术团、微电影等，需要寻找合适的承办机构和专业人士；国外游学、国内研学旅行课程，需要有更加成熟的课程方案；艺术节、六一儿童节、校庆等重大活动，需要"有水平、高层次"的策划；从顶层设计上，要有与学校变革相配套的机构调整方案，并推进机构变革……

教育的最高境界是"不教"，学校变革最关键的地方在于如何将"教""多教"通过创新，变成"不教""少教"。我叫工程部在北外附校最醒目的地方刻了杜威的一句话——"教育的目的就是为了让人能够继续教育自己"，"不教"就是为了让学生自己去教育自己。

作为一种教学方式的"不教"，其实比"教"更难：教师如何少些"搬迁知识"的话语，而更多地激励学生思考？教师如何做到自己只是作为一个交换意见的顾问，而不是直接要求学生接受你的意见？教师如何把自己定位成一个发现矛盾论点的旁观者角色，而不是拿出现成真理的引路人？……这比起滔滔不绝地讲知识、亮观点，在操作技术上难度更大、要求更高。

"人们总是想当然地认为，教师教了哪些知识学生就会学到那些知识，教师教得怎样学生就会学得怎样，事实远不是那么简单"。学校教育的最大问题是"过度供给"。

"过度的选择性供给"让人忘却了坚持的价值。当两个产品供你进行功能性选择时，你更趋向于可靠性；当可靠性过度供给时，你会转向于便捷性；当便捷性过度供给时，你会转向于价格；当价格也过度供给时，你又转向于性能……最后的结果，你忘记了自己到底想要什么，过多的自由选择可能会让孩子"走在路上也不知道自己为什么出发"，从而忘却了坚持的价值。

"过度的内容供给"让人忘却了思考与批判的价值。学生疲于奔命地应付知识学习和信息接收，除了跟着教师进行机械的操作，已没有更多的时间去内化知识和反思自身的学习。只有学生自己制造出知识的意义时才能占有知识，仅仅通过教师的教和严厉的机械训练，是不能给予学生任何知识的。离开了"不教"的教，"教"的努力并不能达成"学"的匹配和呼应，事实上缺失了学生"不教"之下的知识内化过程，学习也难以真实地发生。

"过度的管理供给"导致对学生的控制过度，导致学生处在某种"思维的无意识状态"。虽然严格的教师总是被人们推崇，但是，简单的严格最终会演化为"过度的控制"，过度控制学生并强力地灌输知识，助长了学生形成放弃自身努力、一味依赖于教师服务的习惯。

学习其实是他人操作愈少愈好的活动，教师没教什么，同教师教了什么，对学生的影响同样重要。学校教育应当控制学生尤其是儿童的能力不要过早地被发动、被发掘，避免导致所受到的教育因为不适当地偏于一面而被解体，中小学教育如果能够在"少教、不教"的创新上取得成功，相信变革的"风口"真的会"把猪也吹上天"。

"复语"外语课程与国际理解教育

我在担任杭外校长期间,曾以全国外国语学校研究会副理事长的身份,参与了外国语学校办学标准的制定。当时提出外国语学校的办学目标是"培养外语特长、文理兼优、综合素质全面的国际化复合型预备英才";还提出了外国语学校要具备两大明显的特色,即开设多种外语课程和开展国际理解教育。北外附校的教育以"传授知识技能和给予人的一般发展"(赞科夫)两大任务为指向,以普通中小学学生共有的学业和能力要求为前提,努力使学生"熟悉基本知识、拥有基础学力、掌握关键技能",在此基础上,开设多种外语课程、开展国际理解教育,为今后把学生培养成复合型人才打下坚实的基础。

1. "复语"外语课程的设置

北外附校作为北京外国语大学创办的基础教育学校,在外语教学特别是开设多种外语课程方面具有"天然优势"。为此,学校因地制宜地提出了"双复型"外语特色学校的办学目标。所谓"双复型"人才是指掌握多种外语(复语)并有其他专长的"复合型"人才,北外附校的办学目标就是为使学生成为双复型人才作预备教育。

"复语"是指两门或两门以上的外语,学生除学习英语外,还要掌握另外一种非通用外语。除英语课程外，北外附校还开设了德语、西班牙语、法语、日语、韩语等外语课程。从初中一年级开始，学校就开设了"复语班"，部分学生开始学习两门外语（其中一门为英语）。

为了推进"复语"外语课程，北外附校构建了课程研发（改编）、管理、评价等方面的校本化课程实施机制。在国家课程标准的框架下开发学校的"复语"课程，在国家课程计划预留的课程空间内对其他课程内容进行创造性的改编和再开发：一方面不能削弱其他学科；另一方面又不能增加学生的学习负担。在此基础上，学校积极研制将"复语"外语课程融入整个课程体系的全面方案。

北外附校将现有课程分为四大板块，即：基本课程、强化课程、微型课程和自由学习。基本课程是学校课程中的基础或核心部分，是教育行政部门所规定的必修课程和限定选修课程；强化课程是对学生某项素质发展加以强化而形成的课程，"复语"外语课程属于强化课程；微型课程即容量小、持续学习时间短的课程，是一种非常灵活的课程类型；自由学习可视为一种"准课程"或另一种类型的"虚有课程"。

按此思路，学校成功地开设了英语、德语、西班牙语、日语、法语、韩语等多种外语课程，并将学生学习两门外语（其中一门为英语）纳入整体课程和毕业学分的要求框架内。由于北外附校的整体课程方案得到了上级行政部门的认可和肯定，此项目被列入了北京市教委统一管理的国家级特色办学试验项目。

2. 积极推进国际理解教育

北外附校在开设"复语"外语课程的同时，还在"复语"外语课程的前提下认真探索有关"国际理解教育"的模式，在推进国际理解教育和完善外国语学校办学特色方面，取得了一定的成绩。

（1）加强"复语"外语课程教学，解决沟通、交往中的语言问题。

国际理解教育是面向 21 世纪的新的教育观念，是推进世界和平的重要教育内容。第 44 届国际教育大会就国际理解教育达成的主要观点是"通过教育来促进和平与民主",重申了"和平文化"的思想。中小学国际理解教育的首要任务是培育学生的"国际感觉"并让学生逐步拥有"跨文化的视野"。

毋庸置疑,外语是国际理解和国际交往的前提,如果没有基本的外语表达,就无法进行沟通;如果没有娴熟的应用外语的能力,就不可能真正做到深刻地沟通;如果没有掌握外语背后的文化背景,就无法实现相互尊重对方文化基础的高层次的、跨文化的交往。

按照我国著名外语教育家、北京外国语大学教授陈琳等专家团队的要求,将"懂得外国、理解异国文化是今后北外附校毕业生必须具备的素养"作为北外附校应当努力完成的教育任务之一。外语教学不仅让学生掌握语言的语法、词汇、一般智力技能或在交际中所行使的人际功能,更要关注学生在现实交际情景中的交际需要;外语教学目标不是用期望学习者发生的行为变化的术语来描述,而是要用"非语言的形式"(如要讨论的话题、要完成的任务和要解决的问题等)来描述。学校倡导以语言使用为基础,创设能够适应学生语言能力自然发展环境的外语课堂教学。

"复语"外语课程是一门"严肃"的课程,关乎学生在"共同基础"上的个性和特长的发展;关乎学校的核心竞争力和可持续发展。因此,必须在规范"复语"外语课程上下大功夫。北外附校采取"复语"外语课程的"双向延伸"策略:一是向上、向外延伸,即向北京外国语大学及相关语言国家延伸,寻找教材选择、课程标准、课程评价的支撑;二是向内、向下延伸,建立健全校本化的"复语"外语课程选择、课程决策、课程开发和课程管理等方面的工作程序,包括学校的课程决策与规划程序、课程开发与实施程序、课程教学质量与学生学业成就监控程序等,对非通用语种教师的教学提出具体要求,采取强有力的措施,长效培训并不断提高非通用语种教师的整体水平。

(2)整合课程资源,构建课程模式,融入国际意识。

北外附校将国际意识的有关元素植入"复语"外语课程、其他学科课程并融合可操作的课程模式,主要有专题活动模式、学科整合模式、研究性学习模式和主题讨论模式。

①专题活动模式。

北外附校每学期必须举行的国际理解教育的专题活动有：国际日活动、姊妹校互访主题活动、各国文化嘉年华活动、英语戏剧表演、模拟联合国大会、英语辩论赛、外事活动接待主题安排等。例如，每学期一次的外语节国际嘉年华化装游行活动，每个班级代表一个国家，各班学生在了解、探究对象国文化的基础上，设计出独特的展示方式，全班同学参与展示游行，并举办游园会、公益拍卖会等活动，各个班级以自己代表的国家最突出的文化表征为主题，设立丰富多彩的小游戏，在学习探究、娱乐活动、表演展示、鉴赏评比等体验中增长见识、学习知识。

专题活动模式可以增加学生的国际经验，开阔学生的国际视野。由于主题活动模式通常是零碎的、片段的学习，为了避免国际理解教育局限于外语教学，需要对主题活动进行整体规划，例如为学生提供参与国际交流或学习的国际课程等。

②学科整合模式。

学科整合模式是在不改变现有的学科课程总体架构的前提下，将国际理解教育的元素整合到学校现有的学科课程之中。比如，在语文课中增添或补充相关外国文学作品，在西班牙语课中增加西班牙国内战争的一些内容，等等。

北外附校学科附加模式的国际理解教育主要内容有：艺术课的英语皮影戏表演、语文课的外国戏剧研究、日语课的日本国礼仪常规、政治课的国际时事与国际理解专题研讨活动等。北外附校小学科技教研组，将 DI 比赛专题训练活动引入常态课程，通过动手与动脑相结合、科技与艺术相结合、理论与实践相结合，在引导学生发挥想象力和创造力的同时培养学生的国际理解能力。值得一提的是，在学科附加模式中要防范出现"过度附加"，避免因学习领域内容过多而排挤原有学科课程内容或者增加师生的负担，从而导致教师或学生的抗拒。

学科整合模式的最大困难是教师知识面以及与此相匹配的教师全球意识的薄弱，为此，北外附校利用自身作为北外的附属学校的优势，借力于北外的课程和人力资源，在课程内容的研发和教师的培训上建立机制，将国际理解教育的总体任务分解到所有正式课程和非正式课程中。

③研究性学习模式。

有关国际理解的研究学习活动，主要采用课题招标、过程指导和结果汇集的管理方式，由"具备国际理解教育理念"的干部和具有跨文化研究能力的教师及北外专家组成指导团队，并提出一系列研究课题，学生自愿参与并邀聘指导教师，提供研究方案及结题时间表，学校图书馆和北外相关的资源提供开放性服务。

例如，"英德复语班"的学生与德国科隆姊妹校的伙伴共同开展"四世同堂——北京印象"研究性课题项目联合研修活动。此次研修活动，学校学生与德国学生共同提出课题、设计研究路径、协同探究知识。同时，学校学生也潜移默化地受到了德国文化的影响，他们十分敬佩德国人缜密的思维和严谨的探索精神。学校学生不仅提高了德语的实际运用能力，同时也为德国中学传统教育中不可缺少的科研文化所感染，这为学生们将来更好地融入国际社会打下了良好的基础。

④主题讨论模式。

相对于研究性学习模式，主题讨论模式研究的内容信息量更大、观点分歧更大、价值观更加趋向多元，其主题主要涉及国际争端包括文化差异引发的争端等十分显性的问题，而且内涵十分丰富，对学生的认识、行为、人生观等都会有新的触动，能够帮助学生懂得作为同一个地球的公民应当拥有民主、人文、平等等方面的气质，培养学生学会通过符合伦理、负责任的行动正确处理合作与冲突、理解与尊重、个性与共性等方面的关系。

例如，"高中模拟联合国社团"举行"朝鲜半岛核危机"国际大会，会议依照联合国的罗伯特行事规则召开，由成员国点名、开启发言名单、有主持辩论和无主持辩论等环节组成。在长达两小时的会议中，代表们共提出17个动议，有10个顺利通过，其中有8个动议进行了磋商。整个活动由学生自主分派任务、安排代表国成员、确定研究主题。学生通过主题讨论模式及其延伸的自觉行动，树立了正确的价值观。

（3）研究"国际理解教育"的目标与内容，提高"国际理解教育"的质量。

北外附校"国际理解教育"的目标是：了解多元的跨国文化，掌握最突显的全球热点问题，拥有基本的国际背景知识，有较好的应用多语种交流的能力，理解文化的多元性，掌握跨国界、跨文化的交流技能，形成和平、民主、发展的视野，宽容和尊重他人，学会共处和合作，具有全人类的责任感和全球的意识，能够从世界和平和人类进步的高度思考问题。

北外附校的"国际理解教育"的内容主要包括"五大核心概念"和"三大学习领域"。五大核心概念包括："相互协作"，没有协作就无法克服人类所面临的共同难题；"多元文化"，立足地球的视野和地域的角度，认识和了解价值观、信念、习惯、传统、言语、技术、制度等的不同特质；"社会公正"，普及公平或者人权等方面的知识；"解决冲突"，由于资源的稀少、奇缺及宗教文化的极大差异，以及一些极端宗教势力的扩张，冲突成了不可避免的事，解决冲突是人类能延续发展的前提；"变异与变化"，人类还在不断进化中，生命体的变化是长期的普遍的现象，加上互联网等技术的革新，事物和人的生活方式正发生日新月异的变化。

三大学习领域包括："文化理解教育"，不同民族、国家和地区的文化是有差异的，一方面要认同本民族文化，另一方面更要有民族平等意识和民族团结精神，以宽容、开放的心态去尊重、理解不同的文化和价值观；"人权与和平教育"，要树立全人类平等的意识，个人尊严和尊重他人是人类和平的基础，追求和平的理性是建立在对国家主权的理解、国家之间的团结以及对人的尊重和宽容的基础之上的；"环境及环境保护教育"，敬畏自然、天地是人类的本能，以人与环境的关系为着眼点，打造和谐相处的社会，实现人与环境、社会的和谐发展。

北外附校在实施国际理解教育的实践与行动中，开拓了一系列校本化的教育内容，例如："了解和宽容：不同文化背景、不同种族、不同宗教信仰的北外附校留学生相处之道"，"和合文化：外教礼仪教育的主题"，"出国交流或接待国外交流学生：国际理解教育的有效途径"，"各国风情展示：为更好地理解提供信息","模拟联合国大会:处理冲突的观点表达、真理追索、妥协策略和规则达成",等等。

3. 教师是开展多语种和国际理解教育的关键因素

正如斯腾豪斯所说的:"没有教师的发展,就没有课程的发展。"北外附校要彰显在共有的中小学教育基础之上的多语种与国际理解教育的办学特色,关键要看教师的素质。作为外国语学校的教师,除了代表具体的学科教师外,还应该成为整个人类文化的传播者。因此,教师必须具有国际理解态度和多元化的价值观;具有全球视野,尊重和理解不同文化间的差异;此外还要欣赏和接纳多元文化。

"学贯中西,大爱育人"是学校对教师总体素质的要求。国际理解教育的核心是为了构建"和平文化",倡导人权、自由与平等,这对教师提出了"尊重学生的权利,在学校中建立平等,给学生开辟更多自主发展的道路"的工作目标,教师不仅要精通本学科的专业知识,形成多层次的知识结构,还要学习世界不同区域的不同文化以及国际知识和史实,善于挖掘所教课程中的国际理解教育资源,能够在实际教学过程中拓展学生的国际视野、增进学生国际理解的知识、提升学生国际理解的能力。因此,在基础教育国际化的路程中,北外附校还有很长的路要走。

重拾课堂教学的价值和意义

美国著名未来学家丹尼尔·平克在《全新思维》一书中说:"当今,物质财富的充裕、亚洲的崛起和自动化的影响在不断深化",概念时代正在拉开帷幕,"这一幕的主角是创造者和共情者,其特征是擅长右脑思维",面向未来社会,人们更需要"设计感、故事力、交响力、共情力、娱乐感和意义感"等六大能力。把学科课堂的核心元素和重要意义经营好,赋予学科知识以真实的意义和教育价值,这是变革课堂教学的正确方向。

1. 教育意义的流失是课堂教学的现实问题

人是带着对立统一的本能来到这个世界的,学生的活动和休息、思考和感觉、流泪和欢笑、遵守纪律和自由行事总是相伴而行。然而,目前的中小学课堂教学,总是试图改变学生的"对立统一的本能",有意无意地训练学生分离地认识事物,不断地肢解很多本该从整体认识的事实,似乎觉得这样做更能得到好的考试分数。分离、肢解实体事件中有深刻涵义的任何一个方面,客观上导致"对立双方共存的灵气"的弥散,最终使教学本身也变得毫无生气,学科及其课堂的本真意义遭到了破坏。

教师本能地追求简单,因为简单比复杂省心,而且更有可能帮助学生获得好的分数。离开了意义感的简单,其实是一种造成"毁灭性迟钝"的简单,其结果是将学生的内心世界变得更复杂、更混淆。把头脑和心灵分离,其结果是头脑不知道如何去思考,心灵不知道如何去感知;把事实与感觉分离,其结果是把事实降低成跟着感觉走的盲目情感,过度地强烈感受到世界的冷漠和人际关系的疏远;把理论和实践分离,其结果是理论跟生活无关,而实践也未必得益于理论;把教与学分离,其结果是教师只说不听,学生只听不说……只有重拾和延续"对立统一的本能",将整体地思考世界作为教学的守律,重构课堂的教育意义和价值,把概括能力作为学科能力的关键基础,教师才能让学生在现实世界中感受到生命力所在,让世界、让教学充满生命的活力,从而不断开发教师自身和学生的生命力。

2. 重新认识课堂教学的社会化价值和生命意义

学校教育的"人的社会化"任务,并不只是依靠特别的课程或活动去完成,还要聚焦学科课堂教学的互动维度。社会性的诸多元素在课堂环境中都能得到体现,同时也隐含在课堂教学的深层处,从互动维度设计的课堂教学,不是教师对书本知识忠实的传递和学生对教师观点的简单接受,而是教科书文本知识、学生知识经验、教师先行知识三者"投放"到课堂中的共振。经验学习更需要互动方式的支撑,要将课堂中的环境打造成具有社会性的交互、参与及内容指向,进而将各种教学情境深深地打上社会化的烙印。因此,完成人的"社会化成长"的教育任务,课堂具有特别的意义。因为,课堂环境是社会环境的缩影,人的社会性适应可以在课堂环境中得到体验,再加上课堂之外的校园生活和活动,辅之适当的学校向社会开放、学生走入社会参加一些特别的课程,这就形成了训练学生适应未来社会的学校教育整体格局。

面向未来的教育,应当关注培育学生的系统思维能力,如何训练学生调动系统思维,以激发其纵观全局的本能,这对于现实的学校教育来说是一个挑战。只有学科分割的标准化要求,只有为了应付考试而不敢质疑标准答案的学习习惯,所带来的麻烦远不止是与将来的生活的脱节,从课堂教学的现实来看,擅长死记硬背的人和事,也是当前教育、现任教师极力反对的,教师的职业倦怠常常与脱离了教育本真的、单调乏味的机械训练有关。教师更希望他所教育的学生，擅长解决问题、综观全局，以及有敏锐的直觉、将问题简单化的思维习惯，虽然有时候学生会因此而遭遇到委屈甚至沮丧，但时不时地冒出的充满灵感且十分有远见的想法，总会让教师感到非常的欣慰。学校教育指向孩子的生命成长，追寻生命的意义也是学生自身的根本需求，教师不仅需要提高学生的学业成绩，还应该思考再做些什么能够激励学生的生命成长。课堂教学中让学生参与一些有创造意义的活动是非常有价值的，在这样的活动中，学生相互聚在一起交流，直达学校生活的深层意义，释放了学生的精力、推动了课堂教学的实质性进步；而且，精心设计的课堂活动还能为一些处在逆境中的学生提供新的希望，激发其追求成功的信心和勇气。

"知识是社会建构的"，这一观点更加显示了课堂教学的社会化价值。说某个东西是被建构的，意思是它不是被发现的而是被建立的。一块石头被人合力推到山上，这就是社会建构的；一块石头自然地立在山上，被人发现了，这就不是社会建构的而是被发现的。建构是有组织的建立，不是偶然的建立。将"人的社会性发展"嵌入课堂的知识学习中，可以找到基于社会化的一系列关于学习的观点：模仿应当演变为榜样的力量；导向书本的目标其实是导向社会的目标；矛盾和冲突的价值不只是使学习的障碍显性化，还有那些无意识的积累的价值；文化的传承不只是让孩子倾听和记忆，还有理智和经验增长后的批判和拒绝；学习中的互动包含了意义、身份、行动和参与，进而转变成个体的经验和发展；课堂学习是在权力或权威、责任和创造性之间的张力中运行的，必然含有隶属社会属性的政治生态问题；知识的信念是社会建构的，只有科学的真实并不能处理所有知识事宜；互动的本质是社会学习，并不是说集体学习、合作学习才算是社会学习。

3. 处在互联网"风口"的课堂变革行动的教育意蕴

面对不断发展的互联网和信息技术，课堂变革行动似乎也站在"风口"上，时不时有课堂教学的创新行动被吹上了云端，让人目不暇接。以互联网技术为核心的"新兴课堂"，解决了以前无法即时处理反馈结果的困难，教师可以迅速了解学生个体的学习状况和整个班级的知识点掌握情况，从而及时调整教学进程和方式。技术带来的新型的教学风格，具有超越传统的进步意义和时代特征。

互联网技术带来的课堂对话方式的改变，颠覆了课堂教学活动的行为模式。传统课堂教学中，有许多学生采取保持沉默的表现方式，其原因常常是学生对于课堂活动的恐惧：害怕不懂，害怕失败，害怕被拖进不想回答的问题或者不想参与的活动中，害怕暴露自己的无知，害怕被同学讥笑为愚蠢……学生采用埋头于笔记本中或装作认真听讲的样子，以规避这些恐惧。借用网络技术的师生交流和生生交流，并不完全是发生在公开情景中，多数学生更愿意与教师或同伴进行私密的对话，而不是在公开场合露面，互联网技术能够做到让学生摆脱不愿公开表演的恐惧，采取以书面表达的方式与教师、同伴充分地交流，也不再有"虚伪地做好认真的旁观者"的场域，从而不知不觉地进入了学习的中心地带。

互联网技术带来了课程资源的供给侧结构性变化，教学内容不只是来自教育行政部门发放的教科书，新的课程方案带来了学校自主开设课程的空间，创客教育逐步走进了学校日常课堂，机器人、3D打印、编程以及微电影制作、OM头脑风暴等成了新的热门课程，"领先一步的学校"正在研制创客课程的标准化，充分发挥创客教育的辅助功能，寻求创客教育与日常课堂教学的结合点，强调核心学科、基础知识的重要性，以培养真正能够改变世界的"创客"而不只是吸引眼球的"创客秀"表演。

互联网使课堂学习能够成为更加"愉快的智力探究活动"。愉快的精神活动是那些"有创造天赋的人才"开展学习、充满活力工作的前提，要使每一节课都成为"愉快的精神之旅"，是课堂教学追求的最高境界。教师需要用一种"自由精神"来看待课堂学习，学生学习知识的愿望不只是了解世界更在于发现世界，对于大多数热爱探究和创新的学生来说，"不是为了了解去发现，而是为了发现去了解"。在课堂教学的任何时候，教师都不能将学生对于现实世界所产生的浪漫奇想和感觉上的"惊讶"打死，要使学科教学成为学生主动运用原理并为别人提供服务的真正的知识启蒙，从而使学生能够自觉地用自己的努力去满足学校生活以及家庭、社区甚至国家的实际需要。要崇尚浪漫和"思想自由"的学科课堂教育理念，更加明晰处在互联网"风口"课堂教学变革和创新的方向。

4. 关注课堂的心理意义和生活意义

杜威说过，教学永远离不开那些直达认知核心的情境，它的表现形式就是让学生自我表达。教师让学生对某项学习内容进行自我表达，这是直接的、即时的完成教学任务的行动，教学目标就是当前的自我表达活动，手段和目的在时间和空间上没有间隔，学生的学习成果彰显着自身的利益（指得到肯定或否定的评价）。在此情境下，教师不会把学生的思维和活动带入边界之外的事情中，教与学的所有价值就在直接的呈现中。

课堂教学要竭力发挥学科逻辑的意义，又要促进学生心理的整体发展。课堂最关心的无疑是学科知识，即那一堆"已经解决的事实和科学证实的原则"。例如，初中生学习化学知识与大学生学习化学知识，与化学家研究的化学知识肯定是不同的，只遵从化学知识的严谨而不考虑初中生心理发展的现实，这是一个误区。课堂中教授学科知识，对于孩子来说，不是教孩子某个学科的问题，而首先是这个学科对孩子来说是什么的问题。

即使是在最具有逻辑性和客观性的课堂教学中，教师也不能脱离心理学的观点，不把孩子真实地当成孩子，以至于"用成人的意识来代替孩子的意识，不关注孩子的现实"，这是课堂中最容易出现的问题。从逻辑的观点来看，课堂是知识描述的载体，事实通过教师的解释凝聚在一起，客观地被发现、整理、分类和系统化。从心理学的观点来看，课堂关心的是活生生的学生个体的发展，课堂学习只是学生个体对世界进行感受和思考的一种方式。心理活动与智力活动的分离，是课堂教学行为粗暴的主要原因，一方面将心理活动与知识内容的学习割裂开来，把心理因素贬低为空洞的训练；另一方面认为学习知识的要求只是外在的东西，把全部重点都放在刻苦拼搏上，认为只要学生刻苦努力，没有什么完成不了的学习任务。

面对那些对认知没有兴趣的孩子，教师通常要花费很多精力在"创造兴趣"的情境设计上，其主题在于如何"使事物有趣"，这就意味着情境的创设与学生现有的经验、能力和需要相关，对此，教学设计要做的事就是：如何用人为的吸引力包装知识，以使学生能够无意识地"吞下"他们排斥的那些"苦药"般的知识。因此，要关注学生的生存现实，从心理意义、生活意义与知识意义的交织中创造课堂的新境界、新意义。课堂教学中常出现的误区是，教师只是强调"新知识对于考分、学业提升的重要性"，而没有通过"内在的联结"让材料变得"有趣和必要"。更为极端的是，走向了"外在的联结"，例如，如果不将此内容学好，就要留堂重学，或者以其他形式的惩戒、贿赂学生的办法，以外在的压迫去营造吸引学生学习的情境。

课堂还要关注学生的生活。儿童刚进入学校时，学校生活应当是家庭生活的延续，而不是与儿童生活经验的突然剥离；真正让儿童连接社会的是儿童本身的社会活动，而不是安静地坐下来学习那些枯燥的学科课程。小学低年级，必须通过各种各样的生活形式来实施教育。在儿童本性的发展上，自动的方面先于被动的方面，表达先于有意识的印象，肌肉的发育先于感官，动作先于有意识的感觉。儿童的意识在本质上是运动甚至是冲动，"在行动中表现自己"是儿童的有意识的状态，并不是儿童无意识的顽皮。

课堂教学有效性的前提在于良好的情境创设，例行公事、按部就班并不代表教师在课堂内开展工作的全部，教师只有在关注学生个体的生存现实方面作出更多的努力，技术才能实现它的全部价值。一个有经验的教师特别注重知识本身与学生生活、心理在教育意义上的视界融合和课堂行动中的整合：细致地观察什么经验对于学生的学习现实是最有意义和价值的，观察学生对这些经验的态度；在这些经验中寻找对于学生来说的兴趣点和重点、难点；寻找学生所持有的经验水平和如何使他保持兴趣；询问学生形成了什么习惯、想做些什么及期望达到的目的和结果；追问什么刺激了学生及所作出的反应，好奇什么并推动了表达欲望；努力发现学生的哪些品质和能力对获得经验起积极的作用，学生是以什么特定的方式展现其经验并形成了什么结果。当教学内容的客观性与过程、学生个体的兴趣和能力以及生活经验相适应时，教师就站在了教学方法的立场上。

总之，中小学课堂教学变革和创新，不能只是迷恋于知识、技术、效率等可以转化为实利的东西。教师不是知识和智慧的出卖者,"追逐理论和精神的高贵"是教师和课堂本该坚持的品质。以政治的强势推销个人的观点、以创新的名义贩卖不断变换的新名词,甚至"肆无忌惮地触摸、舔舐和把玩利益",加剧了对于课堂教学的价值和意义的遗忘。课堂不能通过传递通俗的知识来获取尘世的福利,其价值仍然在于教育意义和高贵的品质,教师要借助于课堂教学,以牛虻的方式"叮咬"学生的精神,唤醒学生检审生活的意识,不让其"麻痹在阴暗的洞穴中",这应当是课堂教学变革和创新的永恒的价值追求。

课程结构设计好了,"关于课程革命的行动"开始了,并不意味着教学就好了,质量就高了。对课程结构的"神化"和对课堂教学的简单化,是学校日常事务管理的"本末倒置"。

让学习真实地发生

——

人们常常认为,设计出好的、可供选择的课程,就会使学校、学习变得更好,然而,事实远非那么简单。不知何时起,教育系统流行起这样的观点:教育之所以存在这样那样的问题,教学质量之所以不高,是因为学校的课程出了问题,个别学校在高水平的校长带领下、在特殊政策关照下,课程创新取得了成功,便被误认为所有学校都有这样的学校能力,似乎只要把"课程革命"做得完全、彻底,学校质量就会赢得"革命的胜利"。

1. 学习需要不断地跨越"艰难的障碍"

毫无疑问,课程是学校的运营核心。一所学校的质量以良好的课程结构和具体实施的措施为保障。同时,学习和教育的稳定增长,需要一种个性化的过程,这是时代发展的现实要求。一方面,要求学校教育提供选择的可能;另一方面,要求学生自主地承担责任,提供那些对每位学生个体而言"绝对正确的选择",并实现学生在课程学习中的成功。

信息社会、开放的学校、大学先修课程、走班学习……催生了大量的学生主动选择的学习,虽然能够丰富学生的学校生活,并促进学生的发展,但同时也会构成一种紧张氛围。因为对于学生而言,"选择性学习"也隐含着无限的疑惑和挫折感。当学校热衷于设计各种个性化课程时,意味着学习需要跨越更艰难的障碍。

对于学业落后的学生而言，他们素质和能力不足、学力不足、行为表现不佳，与其说选择了某些课程，不如说是被"安置"到某个教室，被彻底边缘化了。还有一些学生被家长或老师安排到某门课程的学习中，这些家长或老师的期望与学生自己所希望成为的样子并不一致，学生也不清楚自己内心的坚持是否正确，所以相比较而言，听从家长和老师的安排，安全性会更大。这些情况，给学生学习过程中的复杂矛盾心理提供了肥沃的土壤。影响深远的那些不确定性，加上不太情愿的现实心理，变成了学生内心坚实的"矛盾防御"，显然这是属于"学习防御"型的障碍，原因在于过多的课程选择。在极端的情形下，学生还会出现"身份认同"方面更为强大的防御，以维持宽松的心理平衡，所有力不从心的学习或厌学行为，都归因于"被安置在那里"。因为既要推翻现存的身份认同，又要构建一个新的身份认同，在很多情况下，确实令学生难以承受。

课程创新如此忙碌的"革命行动"，使我想到了匈牙利科学哲学家欧文·拉兹格《世界走入混沌点》一书中的例子：某个人因为喜欢大自然，每天至少花上半天待在林子里，他很可能被认为"游手好闲"；但是，如果他整天劳作，将树木砍掉，让土地提早光秃，他会被认为"勤劳而且有进取心"而得到尊敬。学校为了课程创新而奋力推进的"革命"，大多只是在应付一个又一个"让你忙碌的阴谋"，有些忙碌甚至是对学校基本教育秩序的破坏。一所学校的成功，不只在于（请注意"不只在于"）有多少好的课程、有多少教师在加班加点地上课，而在于学生的学习有没有真实地发生。当学生的学习没有真实地发生，学校、教师忙得再多也是白忙活。

2. 从学习的"三个维度"着手设计课堂教学

伊列雷斯在《我们如何学习：全视角学习理论》一书中指出，学习包含三个维度——内容、动机和互动，与学习相关的环境在本质上具有绝对的社会性。

（1）内容维度。学习的内容维度是指学习"什么"。传统意义上，内容被视为知识、技能，在某些情境下也包含态度，但在现实情况下，学习的内容还必须在更为深远的范围内加以理解。目前，学校"课程地图"的设计之所以变得如此复杂，与学生应当学习"什么"的一系列争议和困惑有关，当然也与学校学习环境有关。

内容维度的复杂性表明，学习不只是"同化学习"的简单方式，深度学习必定涉及特定程度上的"顺应学习"和"转换学习"。教学质量的提高关涉到理解、洞见、连贯性和概括等，很自然地，在教学中应当不断地引导学生试图用知识创造意义。无论微信、电视、网络平台带来多少"指尖上的知识"，那些未被理解的知识对人的成长助益不足，而且带来了对正式学习的干扰。

内容的另一个获得是文化获得，学校中的"塑造"任务与内容维度相关。在今天文化多样性和变革不断的情况下，用一种描述性的表达保持"自上而下"的文化传承的态势，已经很难说有多大意义，我们更需要的是一种理解、追随和批判性地联系传统与现代的某种准备，在这种联系中，"反思能力"是评价学习日益重要的方面。

学习逐渐显露的非常紧迫的内容是"元学习"，即认识自己，理解自己的反应、倾向、偏好、优势和弱势等。学习者应当主动参与管理自己的生活，并主导自己的人生历程，这对其生涯规划管理有特别的价值。

（2）动机维度。学习的动机维度是一种重要的、不可或缺的学习要素，在讨论如何提高教学质量的问题上，学习动机至少与学习内容同样重要。几乎所有水平的学习都存在着压力，都要面对挑战，这显然与动机有关。挑战和压力既不能太小，以至于不能对学习产生任何意义；又不能太大，以避免让学生感到面对的学习挑战无法忍受，以至于最终采取逃避的办法。

高明的教师懂得从学习的视角来设计学习挑战的程度，从最轻微的挑战开始，逐步转向戏剧化的学生与学习挑战的冲突，目的是为了引发更多的冲动，产生学习困境中的矛盾、问题甚至混乱等挑战，可以非常巧妙和适时地将学习推向深入。为此，我们需要设计这样的挑战递进程序，通过与学习环境的相互作用，以同化过程为标志，以平稳、渐进的方式抛出学习挑战，适时地将正常的学习环境改变成精心设计的教学情境，以此推进"学习的飞跃"。此时，"顺应学习"或者"转换学习"占了主导地位，学生可以在自己的学业发展中，决定性地、深刻地进行"深度学习"。在逐渐递进的学习过程中，学习动机具有关键意义，因为混乱、挑战和冲突像作用于对学习内容的洞见和理解那样，也作用于情绪和动机。

（3）互动维度。学习的互动维度包含活动、对话和合作。互动对于师生所处的课堂教学环境中的联系和交流非常重要，提升了在相应的社会情境中学生个体与共同体整合的习惯，有利于学生社会性水平的发展，逐渐提升学生恰当参与社会互动的能力。美国纽约大学哲学研究所所长保罗·博格西昂在《对知识的恐惧——反相对主义和建构主义》一书中提到，"知识是一种信念"，而信念是一种心灵状态。我们或许可以这样理解，融入了学习动机的知识会形成强大的信念。

"用实验或事实证明的信念"是真实的，例如，通过实验证明"氢气与氧气反应生成了水"，或者由实际测量得知"地球是圆的而不是平的"，这样的信念就成了"科学知识"。信念成为科学知识，仅仅合理是不够的，还必须是真实的。对于真实的、客观的科学知识，教师才懂得如何去教，因为这些知识是具有逻辑的、可观察的或者能够推理证明的。

还有一些信念是非认知的，这样的知识需要社会建构。除了事实、科学知识和可见的现象外，还有梦想、兄弟情谊、关怀、良知、集体主义等都需要社会建构，教师常常忽视了其中的奥秘和重要性。学生生命成长中的许多知识，需要以社会建构的方式进行传授，教师如果没有社会建构之道，很难提升教学质量之术。

显然，这一切关于"学生是怎样学习的""教师应当如何促进学生学习"的研究和实践，并不是单靠"课程结构"创新或更大的关于"课程革命"的行动，就能够创造某种质量奇迹的。

3. 教育的出发点在于"学生的当下"

令我感到困惑的是，目前谈论学校培养目标等事项，变得越来越抽象，而本该很深奥的课堂教学问题却被描述得非常简单。学校教育不仅要有远大的理想和宏大的目标，更要有可测量的、能够指向学生成功的短期目标。学校教育不是抽象的教育，而是具体的、针对学生的教育，教育的出发点，首先不在于上级发布的文件，不在于课程和教学的社会功能，而在于"学生的当下"。

因此，提高教学质量最基本的出发点，在于"教师对学生的关注"。

提高办学质量，不仅指培育了多少精英，还要有"帮扶甚至拯救了多少孩子"的质量指标；优质的教育，不只是鼓励所有学生都要去做强者，而更需要培育所有学生都具备一种关于生活、生命的积极情绪。这是学校教育的"良知"。

在课堂教学中，教师总会看到学生对知识的误解。一些学生虽然置身于教学情境中，而思维却跟不上，对知识的感知、理解或运用出现了偏差，并没有充分理解或掌握。互联网、多媒体带来了过多的信息和过快的信息流动，这对于想努力超越学习障碍的学生来说是致命的，它会将一个简单的错误学习导向另一个错误学习，于是，大面积和错综复杂的正确与错误的矛盾建立起来，使学生强烈地感知到学习的困难，并处于无法突围的状态。

错误学习的本质在于，对知识的判断产生了障碍。学生需要在原有的知识经验的基础上进行判断，而学生原有的知识经验总是有差异的。因此，大多数的课堂教学需要共情、对话和宽容，教师要精心地设计教学路径，关注学生的变化并随时进行必要的指导。

在我从事教育管理工作的几十年里，始终坚信一条真理，那就是"绝对没有马到成功的教育故事"。课程结构设计好了，"关于课程革命的行动"开始了，并不意味着教学效果就好了，质量就提升了。教育的成功并非要有不断创新的课程结构，更不能强求每一所学校的课程结构都有所不同，真正需要的是，教师要认真地研究教学，不断地改良课堂，每天用心地完成那些平凡的事情。

总之，在讨论课程创新与课堂质量这一话题时，我们需要有一种对课程的冷静，还要有一份对于课堂学习和做学问的专心和宁静，做学校教育，尤其是中小学教育，淡定一些，会走得更为长远。

重建"深度学习"的课堂教学

——

我曾有几次以专家身份,应邀参加了教育部组织的义务教育规范办学行为督查工作,与教师、学生进行访谈,进入课堂听课,同时结合自己的学校管理工作,明显感觉到当前的学科教学存在两个问题。一方面超越学科本身,过度地拓展内容;另一方面对学科本身的魅力和关键知识的"深度学习"把握不足,由此造成课堂教学表面热闹,实际效果堪忧。

如何让学科内容隐含的"伟大事物的魅力"呈现出来,使学科教学更显"深刻",重建具有"深度学习"特征的课堂教学,需要认真思考和研究。

1. 课堂教学具有"复杂性"特征

课堂教学具有"复杂性"特征,以至于最有经验的教师也难以用一种独特的秘方来全面掌控课堂教学。当教师与学生一起探索未知领域,面前呈现曲径通幽、柳暗花明的一幕,师生的体验被源自心灵的生命启迪所照亮,此时,教学成了天下最美好的工作。然而,当教师竭力表达、口吐白沫倾己所能讲授时,教室里却毫无生气、充满痛苦和混乱,教师对此也无能为力,感觉自己就像无处藏身的冒牌货,格格不入的学生像"敌人"一样无处不在,此时,教师恨不得马上离开教学岗位。这两种经历一般教师可能都曾有过。

教学的困惑源自其本质的复杂性。一是学科的复杂性,学科知识像生命一样广泛、复杂、更新快捷，无论教师如何致力于阅读和研究，对所教授的学科自身拥有的知识总是残缺不全，对教学内容的控制始终难以把握。二是学生的复杂性，学生个体和群体是复杂的，其复杂程度远超过生命本身，要清晰地、完整地认识学生并快速作出明智的反应，需要教师具备高超的智慧。三是教师自己的复杂性，教学无论好坏都发自教师自己的内心世界，教师体验到的纠缠不清只不过是折射了内心的交错盘绕，对教师来讲，认识自我与认识学生、认识学科同等艰难。

2. 课堂教学不够"深刻"的普遍现实

多年来，教育及教学总是处在被指责和被整改的状态。国内外都有这样一种普遍的现象：当人们对现实问题不满时，最终自然地归根到教育，从而抨击教师、责怪教育。具体到教学上，教育行政部门对课堂教学非常微观的行政管束和社会民众对学科教学的指责，导致一些教师没有从复杂性的本质特征研究和把握课堂教学，只是在压力之下执行上级的要求或者迎合家长的需求，从而背离了学科教学应该遵循的一些基本规律，无力坚守作为专业教师应有的职业标准。

同时，导致普遍存在的课堂教学不够"深刻"的现实，还有教师和学校自身的原因。

一方面，新课程理念与教师教学技术的总体水平不匹配。按照新课程理念，学生和学习过程更为重要，课堂教学是为了让学生蕴藏的知识和潜能获得释放，鼓励学生之间互相学习，教师的角色在促进者、学习同伴和必要的监控者间变换，这一切是以教师拥有高超的教学技巧、策略和技能，懂得"教学不可局限于技术层面"为基本前提的。然而，现实中相当多的教师在学科知识和教学知识的基本层面还不达标，要执行新课程的教学要求，教师只能模仿示范课，对于教学行为背后的教育内涵无力深入考究，学生看到的是教师行为、语言和学生自身表达等的热闹场景，难以通过探究、体验、合作等活动真正建构自己的知识体系。

另一方面，诊断学生的学习状态成了一件困难的事。作为专业教师，应当掌握对学生内部学习状态诊断的技术：多设身处地地理解学生的需要、少推卸教师对于学生困境的责任。有效的教学设计在表征上与医生给病人的治疗方案一样：诊断学生问题，提供解决方案。但是，中小学教学中有很多这样的情况：教师在课堂上口若悬河，很少考虑甚至意识不到教学是要解决学生学业中的问题。这种自说自话的教学可谓"目中无人"。

现实中，常见的是"教师代替知识，成为它的代言人并成为学生注意力的唯一焦点"的缺乏教学韵味的课堂，或者是"把学生放在中心位置，教师放弃领导权，以至于课堂和教学混乱到了无政府状态"的缺乏知识要求的教学。这样的课堂都没有认识到课堂教学行为的复杂性，导致知识的内在景观不再丰富多彩，认知也变得平淡无奇和不需要思考，更谈不上"学习者能够批判性地学习新思想，并在原有认知结构的基础上建构新知识，在众多思想中作出分析和判断，迁移和运用新知识并解决问题"。

3. 走向深度教学

课堂教学不够"深刻"，与教师学科知识底蕴不厚、教学知识和经验不丰富有关，还与目前学科教学的知识观在教师群体中客观上存在某些混乱、困惑有关。"怎样看待知识，站在什么立场上理解知识的性质，如何把握知识的内在结构及其与学生发展的关系，究竟如何处理课程教学中的知识教学问题，的确是需要谨慎面对的问题。"

知识问题是教育学的经典问题，也是课堂教学的现实问题。重构"深刻"的课堂教学，必须树立正确的知识立场，由表层的知识符号教学走向深度教学，从表面化的学生活动走向指向认知的实践活动，实现课堂教学基于知识学习而不是游离于知识学习之外的丰富价值。

（1）聚焦"认知对象"。课堂教学要向学生揭示那个"伟大事物的魅力"。不管教师的教学方式如何，教学组织形式如何，不管学生们是围坐成一个圆圈讨论，还是传统的大、小班级，无论是采用讲授方式，还是学生演讲、实验室操作、野外学习、电子媒体展示，最重要的事是如何把认知对象的"伟大事物的魅力"作为课堂教学的聚焦点。这种聚焦不是表面上的，而是深刻的、融入式的。例如，当我们看一出好的戏剧时，就好像自己的生命被搬上了舞台，虽然没有"对答台词、越过走廊、跳上舞台、参与演出"，但已经有亲临其境的体验，不知不觉地"融入"其中，并与其紧密地联系在一起。所以，课堂教学的这种"深刻"不在于技术形态，而是一种对认知对象的内涵、外延及各种关系的正确把握。

（2）打造"教学共同体"。"教学共同体"的核心使命是认知、教学和学习。"教学共同体"包含三个要素：知识的领域，共同关注该领域的人以及为有效获得该领域的知识的共同实践。如果群体没有一致需要认知的知识领域，或者缺乏对知识领域的共同关注，只是关注某个领域而没有开展积极的共同实践，就难以形成针对这一领域的做事方法、标准以及行动、交往、问题解决和问责等相应的联系，也不能算是基于共同联系基础之上的真正的"教学共同体"。"教学共同体"通过对知识领域的共同关注和主动实践，使课堂教学的深刻性在认知层面上得以全面体现。

（3）参与对话和认知实践。日本学者佐藤学认为，学习的传统是"修炼"和"对话"，"对话学习"是人们一起共享知识，知识是公开的和开放的，学习的实践被界定为通过沟通参与文化公共圈的营生。认知、教学和学习就发生在与对话相对应的认知实践过程中。尽管教师是为了让学生知道目前的结论才开始教学和对话的，但是在课堂学习中教师不只是为了学生认识结论，还应把学生的观察、解释提请"教学共同体"全体成员验证，并对其他成员的好意进行反馈。认知实践以及陈述、对话及其他活动的过程既不是独裁式的也不是"无政府"的，它是亲和与距离、说话与聆听、知与未知间复杂而永恒的共舞，并使课堂教学不断走向更有教育价值的"深刻"。

（4）留出"思考空间"。课堂教学需要给学生"思考空间"，不能变成教师一个人的演讲。教师的讲述应当做一些减法，要让学生"看到一粒沙中的世界"，教师没有必要将满满的一车"沙"倒给学生，令他们看到全部，而应当是拿起一粒沙让学生自己去瞧瞧看；要抓住知识的关键部分，让学生自己去思考，找出它们之间的相互关系并且自己去应用。那些被塞满了事实的课程及课堂教学，学生记住的只是"碎片化的信息"而不懂得从中概括主题，教师将没有主题的事实或一个主题下的所有事实一股脑儿地灌输给学生，只会让学生不知所措，知识的掌握也只是浮光掠影。总之，教学是一项"留白"的艺术，教师与其自己不断地、十分辛苦地讲述，不如让学生自己去思考和探求。

（5）带学生到"有知识的地方"。帕克·帕尔默在《教学勇气》一书中将教师与牧羊犬进行类比，牧羊犬有四项功能：维持羊群能放牧和自己吃草的空间；把羊群聚集在那个空间，并不停地把走失的羊找回来；保护空间的边界并把危险的掠夺者阻挡在外；当这个空间的食物已经吃光，它和羊群一起转移到另外一个有食物的空间。而教师在教室里的任务就相当于牧羊犬的任务：要让学生学会自己"喂饱"自己，学会主动学习；要将学生带到一个可以得到"食物"的地方，要有好的文本、计划好的练习、启发性的问题、纪律良好的对话；当一个地方无法满足学生的求知欲望时，要把学生带入"有另外食物的下一个牧场"；教师一定要把学生的注意力聚集在某一个地方，对类似于迷路或"走神"的个体给予特别的关注。这些观点对于教师打造"深刻"的课堂教学有很多启发。

课堂深层处，教育本质事

1. 动荡的"革命"，学校不宜长处其中

学校管理者可以有很多理由无暇顾及课堂。人们总是像管理企业一样去考虑学校的那些事，企业中最要紧的并不全是"车间的那些事"，而在于根据客户和市场需求去研发新产品等创新的行动。由此类推，相当多的学校领导也把更多的注意力放在创新上，包括理念和课程的创新。创新的行动往往能吸引上级领导和公众的眼球，从而创造条件为学校争取更多的资源。这样的类比，其实是有悖于教育的核心本质的，因为教育的主流是文化传承，稳定是传承的主旋律，创新只能是微调。全面创新、整体变革的狂热对于学校教育来说是很危险的事。

学校为了课程创新而奋力推进的"革命"，可能只是在"应付一个又一个让你忙碌的阴谋"，有些忙碌甚至是对学校基本教育秩序的破坏。一所学校的成功不只在于有多少好的课程，还在于如何将课堂教学做得更加正确。不假思索地直接行动不应当是校长通常的工作，之所以有些学校教育常常处在"沸腾的大跃进状态"，而现实却没有根本好转甚至越来越糟糕，其原因常常在于盲目和冲动。

2. 教育的奥妙，在于课堂深层处

学校教育的终极任务是为了把稚嫩的儿童逐渐地"摆渡"到社会中，儿童进入学校即开始了社会生活的那些事。学校不是游离于社会的世外桃源，而恰恰是学生进入社会化生活的开始。在很多时候，人们对学校教育、课堂教学的战略定位有误会，把学科、学习、课堂当成是不食人间烟火的另类生活，潜意识中将学校的学习生活"去社会化"，刻意地去重新设定一套"学校化""学科化"的规则。

社会化与那些正式的涉及"学科知识"的课程、常态化的课堂并不是分离的，批评这些课程的"不是或不足"其实是一种误会。因为社会化是一个隐藏在学科、课堂、教学情境中的"慢功夫"，而不是通过激进式的课程革命或学校全面变革就能实现的。

学校教育总是在诚恳地关注未来，而未来首先体现在当下的生活中。孩子只有在当下充满进步、快乐和满足的实践中，才能看到未来的愿景。学校教育实力体现在：能够将未来提携到现在，能够在孩子走向社会之前完成使之成为社会化的人的教育任务。

知识的本质是为创造性提供基础，学习知识的目标倾向于"让正确的结果变为技能"，还应当重视对学生进行"专家型的思考和复杂交流能力"的培养。

很显然，如果不去追寻课程、课堂教学的社会性本质，不重视如何解决最紧迫的课程教学的本源性问题，即使课程设置变化很频繁、学校结构调整很彻底，其实都是"白忙活"。学校教育特别是中小学教育，还是需要回归到认认真真地研究教学、认认真真地开展课堂教学这样的状态中，从课堂教学的深层处寻找那些最重要的教育元素，远离浮躁、遵守常识、遵循规则。

3. 外面的世界，孩子从课堂开始塑造

学习的互动维度包含活动、对话和合作。互动对于师生所处的课堂教学环境中的联系和交流非常重要，提升了在相应的社会情境中学生个体与共同体整合的习惯，这对于提升学生的社会性水平发展作出了贡献，可以逐渐地

发展学生恰当参与社会互动的能力。

克努兹·伊列雷斯在《我们如何学习：全视角学习理论》一书中写道，从学习的互动维度来讨论，课堂教学"在内心心理的维度上，个体是框架，行动通过个体与环境的遭遇而发生；在互动维度上，环境才是框架，行动是个体与该环境相联系的事务"。学习过程产生于人们的生物环境与他们所处的文化环境的接触之中，课堂学习使"孩子变得更加独立：他们常常发展出自己的思想，然后加工外在的文化刺激，并对它们以多种方式作出反应"。这说明了一个事实：学生个体在课堂学习中接受外在世界塑造的同时，也同步地对塑造他们的外部世界展开了"反作用"。

在互动的实际情形中，教学所表现的行为不是单向的知识符号或经验的传达，而是人与人以及环境的彼此影响，是关涉个体与个体或个体与集体之间在学习环境干预下的多向的影响过程。教学设计要指向如何建立更为直接的互动以及更具一般性的实践共同体的框架，包括学生的积极参与、共同决定、主体性卷入、批判性反思和自反性以及社会责任。没有了这一切，只有知识呈现方式的某种序列安排，最后的教学设计其实并不是能够让学习真实地发生的方案。

因此，如果学生在互动中投入更多的活动和责任，学习发生的可能性就会增大，而且不只是发生同化学习，还会有更多的顺应学习、转换学习发生。此时，"实现人的社会化"的任务也处在同步行动的状态，学校领导完全没有必要非得要有"改变课程"、构建一系列"与社会性直接相连的学校结构"的激情和行动。

教学互动与"人的社会化"训练

1. 课堂教学环境的"社会性"与学校教育的"社会化"

不知何时起,教育系统流行这样的观点:学校教育之所以存在这样那样的问题,是因为课程结构出了问题。人们常常认为,设计出好的可供选择的课程,就会使学校、学习变得更好。事实并非那么一回事。学校教育如果不去追寻课程实施、课堂教学的社会性本质,不重视如何创设具有社会性的课堂教学环境,即使课程设置变化很频繁、学校结构调整很彻底,还是难以使"更好地完成人的社会化"这一美好愿望变成现实。

要求学校教育指向"社会化的培养",其关键仍然在于课堂。课堂环境是社会环境的缩影,关于社会性的本质元素在课堂环境中都可以得到体现,再加上课堂之外的校园生活和活动,辅之适当的学校向社会开放、学生走出校园参加一些特别的课程,这就形成了培养一个人适应未来社会的学校教育的整体格局。课堂教学是一种社会活动体系,作为活动主体的教师与学生、学生与学生之间要进行相互交往和相互作用,可见社会性活动的本质是课堂的基本特征,尽管师生的交互活动发生在课堂内,但是其背景依靠的是社会关系和交往,不是指关于文本知识或教师讲述的那些事,而是教学共同体中师生之间、学生之间发生的各种形式、各种性质、各种程度的相互作用和影响。

从学习的观点看,将环境作为学习中的要素纳入进来是必要的,所有的学习是情境性的，即学习情境不仅仅影响学习，而且也是学习的一部分。课堂中的环境涉及的情境设置、活动安排以及社会的交互是课堂教学的社会性标记，学习共同体在课堂中开展涉及"准自然、准社会、背景创设、交互、自我"等为学习对象的学习活动，需要以社会化的环境来衬托知识学习和技能训练，以操作、讨论与倾听、观察与实验、纠正错误与反思以及探究活动等为主要学习方式。学生通过亲历亲为、内在与外修的体验及其从中生成的经验，获得知识经验和操作、交往、观察、探究、反思的行为规律，从而使整个学习过程具有"现实可感性、亲身体验性、过程与结果的统一性"等痕迹。

2. 课堂教学深层处的"社会化"意蕴

学科教师把主要心思放在如何讲述、如何帮助学生接纳知识等"学科性"事务上，事先要对教学内容作出恰当的"描述性"安排，并为帮助学生更好地掌握知识作出精心的策划。因此，课堂教学的总体框架是以教师的表达来刻画的，课堂上的个体或集体行动以教师为主导，学生的认知动机并非发自内心的自觉，而是缘自教师的鼓动、父母的压力以及社会的责任，是外加的，学生难以品尝到自己发现知识的快乐和满足感。虽然，课堂教学中也有学生个体表现的基本框架，但这个框架是教师设定而不是学生建构的，课堂上教师与学生相遇而发生的即时情境，教师展开的示范行动，学生追随教师进行的模仿活动，都是在教师的控制之中。

为此，教师还应当把关注点放在课堂互动及其相关的课堂情境设计上，着眼于"为了在课堂中能够引发学生的行动"去营造社会化的课堂互动环境，这也是教育"社会化"的任务使然。教师要围绕核心内容作出富有幽默感的环境布局，其目的是能够让学生发现并自觉地接受与环境相联系的事务，教师事先所做的一切，都是希望让课堂中出现的那些积极的事务能被学生认知和认领，而且最后还能够顺利地呈现出整个教学共同体完成全部事务后的成果。个体无时无刻不卷入到与物质环境之互动当中，但这种互动性质总是社会性地和人际交往性地加以传递的。以学习相关的观点来看，环境的物质面是服从于更具控制性的社会面的，一旦实际进入操作，驾驭课堂教学的即时局面可不是一件容易的事。

教师从互动维度设计的课堂教学，不是教师对书本知识忠实的传递和学生对教师观点的简单接受，而是教科书文本知识、学生知识经验、教师先行知识三者"投放"到课堂这个巨大的共振器中，经过碰撞洗礼而形成知识、经验的融合、修正、生长和发展，从而内化到学生的情感体系和认知结构中去。课堂教学中师生所处环境是一个互动的学习共同体，符号、形象、意义充当双向沟通、交流的桥梁。在此过程中，学生个体并不只是被动接受学习共同体的其他成员或整体的影响，而是主动地接受、拒绝或调整社会的影响。正如米德自我理论所言："主体成为他自己的一个客体，他对自己的刺激作出反应，与他自己对话，把他自己当作行动的目标，解释和反思他自己的行为。"

渗入了交互元素的教室里所发生的那些事，不是阻隔了社会性的"离岸"行动，而是学生游向社会之海的开始，这意味着学生的心智状况是一种社会性的存在，他的心理功能只可能在社会空间中得到发展。虽然，教室里的学习情境在表观上呈现的只是物质层面的互动，但在教学的深层存在着学生个体与所处环境在广泛含义上的互动。因为精心设计的教学环境有很多可以引发学习的特别事件，让人觉得似乎环境的物质层面与学习的发生有着直接的联系。如果学生在互动中投入更多的活动和责任，学习发生的可能性就会增大，而且不只是发生同化学习，还会发生顺应学习、转换学习。此时，"实现人的社会化"的任务也处在同步行动的状态中。

3. 经验和经验学习带来的"社会化"经历

学习有两种不同的类型，即符号学习和经验学习。操作学习、交往学习、观察学习和反思学习等都是以实际的、具有现实可感性的人和物为对象，且学习者要亲身经历活动过程并获得相应的直接经验，这些都属于经验学习。

经验预示的是一种特定的活动，即学习者不仅仅只是接收，而且也行动着，从而能够从互动中获益，教学设计中要事先考虑这些互动，以期产生更多的学生个体的"主观意义的意义"。如果学生个体只是一个消极的角色，是不可能学到东西的。学习之中的经验的形成是连贯的，杜威说，"经验的连续性原则意味着，任何经验都是那些过去所发生的继续，同时也以某种方式修正后来之物……互动意味着个体和与此同时构成他所处环境中的事物之间发生的一切"。经验的形成总是以社会为中介，这并不是说所有教学都要到真实社会中去，而是要将课堂中的环境打造成具有社会性的交互、参与及内容指向，远离行动的孤立和思考的"虚无"，使各种教学情境深深地打上社会化的烙印。

学习过程产生于人们的生物环境与他们所处的文化环境的接触之中，在学校生活中，孩子变得更加独立；他们常常发展出自己的思想，然后加工外在的文化刺激，并对它们以多种方式作出反应，学生个体在接受塑造的同时，也同时开始对塑造他们的世界展开了"反作用"。教师事先设计"经验传递"的互动方式，旨在将所有学生卷进"传递活动"，从而参与学习活动，共同塑造一个"教学文本"，通过与文本的对话、理解和精神共享，促进学生的自我建构和自主发展，形成一种共同探索、教学相长的境界。

维果茨基曾指出：人的心理是在人的活动中发展起来的，是在人与人之间的相互交往过程中发展起来的。在互动的实际情形中，教学所表现的行为不是单向的知识符号或经验的传达，而是人与人以及环境的彼此影响，是关涉个体与个体或个体与集体之间在学习环境干预下的多向的影响过程。所有的学习都是情境性的，即它在某个具有社会和人际交往特性的情境中发生，通过与学习者的互动，成为学习不可或缺的一部分。

课堂教学要指向如何建立更为直接的互动以及更具一般性的实践共同体的框架，包括学生的积极参与、共同决定、主体性卷入、批判性反思和自反性以及社会责任，没有了这一切，即使有完整的知识呈现方式的某种序列安排，最后呈现的教学设计方案并不会引发"真实的学习发生"。

"热爱"与"分享"的激励作用

学习的动机源自学生对认知对象的那个"伟大事物的魅力"的感知,教师要做的应当是引导学生进入对于学习的某种热爱状态。例如,化学老师指导学生进行化学实验、观察反应现象,引发学生对于现象背后原因的探求冲动,指导学生积极寻求原因并进行合理的解释,使学生从中感受到其妙无穷的快乐感和意义感。"热爱"当然不只是强烈的感官刺激以及刺激之后的欢呼,过度的激动会导致更多的学习疲劳,学习的常态是宁静的思考,独立的学习行动,以及体验的意义感和获得结果之后的成就感。

出于热爱而做事的人一般不只是为了获取经济上的回报,用经济报酬去刺激人们的行动,常常是因为要叫人们去做他不愿意做的事情。教师应当明白,用最后的学习成果带来的"福利"来号召学生认真学习,或者用学好某个东西"在将来会得到高收入的回报"来诱惑学生,并不会让学生产生对于学习的真正的热爱。激发学生对于某项学习的热爱,需要教师拥有教学艺术的设计感、故事力和共情力等方面的智慧和高感性能力。

激发学生内在的积极的学习动机的另外一个关键要素是"分享"。"分享"是人的内在动机之下的心理需求,人有一种"对彼此联系有着内在的看重"的本能,出于"热爱"的人们更需要与一群有相似行为的人在一起,那些在电视机前看球赛的人,更喜欢在酒吧与一群不相识的人一起观看而不愿独自一人在家里观看。

"分享"的有效性取决于自主参与程度，简单地展示一个学生的作品，引来的只是一群围观者而不是参与者，这种形式上的分享违背了作为分享的内在特质。教师在课堂中创造的很多"有组织的分享情境"，常常是为了示范、纠错或者引入另一个话题，学生也无法在课堂情境中充分地享受到分享的快乐，并由此产生更大的学习动机。而且，教师有时会创设一种"负面分享"的情境，在不经意中伤害了学生的自尊。为此，需要在有组织的分享之外，建立一种自由分享的学习氛围或者自由分享的组织，可以让一群有着共同爱好的孩子组成某种自由的团体并创设他们自己的平台，教师只要明确规则并适当引导即可。互联网及自由学习带来的认知盈余，使这样的分享行为成为可能。

教师需要有这样一种意识：指导和帮助学生创设一种可以自由分享学习、引发思考及发表观点的平台，让学生能够充分地表达。表达的目的不在于获取名望，而在于心灵的释放。

教学要关注学习的"不连续性特征"

教师进入课堂教学之前自然要认真备课,根据教学目标和学科知识的程序性安排,抓住学生认知发展的连续性和阶段性特点,遵循教育规律、学习规律和学科知识的逻辑顺序,对课堂教学情境的创设和活动的安排进行精心设计,作出相应的课堂行为预测,并对可能出现的"学习故障"做好应对的准备,这是教师每天要做的重要事务。显然,教学设计是以教的"连续性特征"和学生的知识学习、能力发展的"连续性特征"为前提的。

教育教学不仅有规律性、可控性、阶段性和连续性的特征,更有着无规律、不可控和非连续性的特征。因为在同一教室里的学生是"具有差异性的、多样化的和多开端性的,而连续性的、规律性的和预设性的教学是不利于学生整体健康发展的"(冯文全、高静,《论非连续性教育思想与学校德育创新》,教育研究 2016 年第 8 期)。基于教学"连续性特征"的教学设计,在实施中如果漠视学习的"不连续性特征"的现实,学生学习发生的程度离教师费力教授的好意,会相去甚远。

德国教育哲学家博尔诺夫指出,"在教育过程中不可避免地出现的各种困难和干扰常常会给教育带来障碍,使教育深受其害",在实际教学中,教师不仅要关注循序渐进的连续性带来的良好成果,更要关注妨碍学生顺利学习的各种障碍。障碍主要来自以下三个方面:

一是学生自身的知识和能力准备。要使学生的学习发生，学生自身必须具有开展学习的知识和能力的储备，没有前奏的知识，教师要求学生学习什么，学生根本就是莫名其妙；学生没有相应的学习能力，也无法跟上教师的节奏进行同步思考。离开了学习发生的前提条件，学生只是课堂教学的围观者而无法进入到参与者的行列。

二是对课堂教学中"关键事件"的设计。关键事件包括话题、问题、实验、故事、表演和表达、演算等等，并不是任何事件在实际课堂教学中都能引发学习，"不好的事件"是对学习的一种破坏或者最多只会产生一种虚假的、浅层次的学习。有些教师就缺乏这种良好的设计感，一个本来可以做得很精彩、有艺术感的事件及其引发的课堂情境，被设计成了让人"一头雾水"的事，最后，变成了教师的"自说自话"。

三是教师的"临场智慧"。杰出的教师对于何时引发学生与文本的冲突，何时让学生发声和表达，何时教师自己出场并讲演，何时教师退隐并处于"傻乎乎"的状态让学生追问……总能够做得恰到好处，并凭着娴熟的技术能够从教学的"连续性特征"和"非连续性特征"两个层面把控课堂进程，参与学习的学生总是处在热爱和分享状态，内在的学习动机得到了充分激发。杰出教师"临场智慧"之下的每节课堂作品都是艺术精品，令观摩其教学的同行惊叹不已；跟随杰出教师的学习，对于学生来说真是"一生的幸运"。

着眼于学习的"非连续性特征"去探索课堂教学，其关键点在于对"顿悟现象"和"酝酿效应"（冯文全语）的技术把握。"学习是一种智慧行为，是一种顿悟的过程，问题的解决的关键是对情境和刺激间整体关系的顿悟"，一切问题的解决需要逐步地酝酿和反复地思考，课堂教学如果缺乏了必要的前提性讲授、回忆、事实呈现或任务交代，没有给予学生学习发生的前提性酝酿的时间和空间，教师直接交代学生问题的结论、生硬的概念或理论陈述，学习过程远离了新知识的"背景剖析"，也没有让学生去自觉探求，并发生知识内化、深刻理解的学习行动，即使学生最后能够以模仿的方式进行陈述或应用，其学习发生的真实程度只不过是表观上的，远远没有达到应有的"深度学习"状态。

课程意识对于中小学教育的价值

——

正如赞科夫所说,学校有两大任务:一是传授知识培养能力,二是指导和帮助学生"作为人的一般发展"。前者主要依托正式的学科课程,后者还需要特别设计的指向教育的那些活动,其实这些活动也是某种形态的课程,包括准课程、微型课程和有规划的自由学习,只不过没有像正式课程那样有教科书、课程标准和教学指导纲要等文本。

只有正式课程的课程意识,会导致开设的课程数量令学校不堪重负。上海市人代会期间,有代表提出上海话被孩子们遗忘了,建议中小学要开设"上海话"课程;全国人代会期间,有代表提出海洋教育很重要,中小学应当开设海洋教育课程;有些基层纪委认为,廉政建设要进校园,属地的所有中小学必须开设廉政建设的校本课程;安全工作很重要,系列的安全读本比语文书还要多、还要厚。一方面要减轻中小学生的负担,另一方面却认为现在的世界有太多让人渴望了解、学习的知识,这些知识如果都进行"课程化"并进入学校的正式课程计划,学校的课程地图将变得比世界地图还要大。

课程意识并不只是指向课堂里的正式学习,关于孩子生命成长的一些基本能力,虽然不是通过正式课程去教育,但也不是随意的、可教可不教的东西,什么时候教、如何去教、怎样评价教的效果,都需要在课程意识支撑下去进行设计、做出方案并逐步推进。例如在小学低段,学生活动的时间和范围应当多于静态的学科的那些事，走路、坐立、饮食、喝水、排队、集会、倾听、与人主动打招呼、开关门、做游戏、同伴相处、基本的生活自理等，都应当进入基于课程意识之下的设计和实施。因为这是生活的一种表达，一开始就具有科学的一面、艺术的一面以及相互交往的一面，离开了课程意识，对孩子生活知识和能力进行训练的教育就失去了目标。

准课程、微型课程、自由学习等非正式学习在孩子的生命成长中发挥着更加宽泛和深刻的作用，能弥补学校正式课程和正式学习中的不足或缺陷，中小学校不只是关注"关起门来做学问"的那些事，非正式课程应当与正式课程一样，是学校的运营核心。非正式课程不一定要先后连贯，其教学的进度也不在于连续性，而在于对经验的新态度和新兴趣的发展，正如杜威所说的，"教育是经验的继续改造，如果非得搞出一个其他的目标和标准，便会剥夺教育过程的许多意义，从而导致了人们在处理儿童问题时依赖虚构的和外在的刺激"。

况且，学校的正式学习，常常依赖家庭的那些非正式学习的东西，儿童在刚进入学校时，学校生活应当是家庭生活的延续，而不是与儿童原有的家庭生活经验的突然剥离；真正让儿童连接社会的是儿童本身的社会活动，而不只是安静地坐下来学习那些枯燥的学科课程。学科学习的起点在于社会经验的反映和阐明，它必须产生在经验之后，学校不能太突然地给儿童许多超越儿童心理发展和实际社会生活经验的专门学科，如阅读、写作、外语、地理、历史、科学等，对儿童实施强制的学习违反了儿童的天性，而且连最好的伦理训练的效果也变得难以实现了。

中小学生的学习并不只是坐在书桌前做抄抄写写的那些事，学习应当是多种多样、丰富多彩的，多元化是学习的基本形态，观察是学习，体验也是学习，除了知识是学习的成果，见识的增长、良知的觉醒、心灵的净化都是学习的成果。同样，正式的课程是课程，那些有关人的生命成长的专项教育，包括谈话、实习、参观、劳动、管理事务、交流、表演、沟通等，事先的精心的设计以及具体的实施办法，其实都是课程方案。那些去博物馆参观、到国外姐妹学校访问或接待来访、社团活动、学生自由组织的路演等，其实质也是"课程及其教学"的事务。

与非正式学习同样重要的另一个概念是伴随学习，学校应当将以下相关的内容整合到一些常规课程中，如营养知识（饮食安排、食物营养和营养价值保持的基本烹饪技术、识别和选择新鲜食品的知识）、安全知识（防范烟火、有毒气体，防止触电，危险物品的储存，意外灾害逃生的知识，以及关于日常生活安全的其他常识）、照顾小动物、房间整理和卫生、家庭理财和购物、采光和通风、一般家具和小物品的修理、衣物的护理等。或许我们可以完全依靠伴随学习的方式，将一些重要的关于自然的知识、与自然和谐相处的能力和热爱生命体的习惯引入正式的学习中。

课程意识对于学校领导者来说，其重要性并不只是指向正式课程和正式学习，也不是指开设更多的学科或拓展更广泛的知识内容，而是在学校教育、学校管理的顶层设计中，采用更多的课程方式来设计教育的安排，通过非正式学习的方式将教育落实到位，用课程和教育的办法解决学校管理尤其是学生管理中的一些难题。

第四辑
打造凝聚教师的"核心武器"

——

把校本化教师教育放在优先地位，将教师专业成长和全面优秀作为学校发展的前提，全面推进学校各项事业走向卓越。

打造凝聚教师的"核心武器"

把校本化教师教育放在优先地位,将教师专业成长和全面优秀作为学校发展的前提,全面推进学校各项事业走向卓越。

1. 基于人事聘任现实的教师管理思路什么样

根据北外附校性质属于民办学校、教师系"社会化聘任"的现实,我们及时调整了中层干部管理和教师人事管理的思路:教师不再是"单位人"而是"职业人",就用忠诚于"教师之道"的号召替代"忠诚于单位"的行政要求;中层干部不再有"政治身份"而纯粹是"管理岗位",便要不断积聚"为了团队的兄弟姐妹们发展"的道德力量,规避出现人际关系的复杂;教师的教育和工作背景差异甚远,必须用"教师工作是向孩子的未来宣誓"形成共同的价值追求,防范出现"行为文化的支离破碎"。实现这"三大转变"的主要途径,在于系统的思想灌输和长效的专业技能培训。

学校内教师的活动和交流常常是以非正式的方式进行的。如果没有足够强大的思想灌输,"反权力体系的言行"很快会形成一股抵抗势力。因此,北外附校特别重视通过对教师进行潜移默化的精神引领,确保学校利益和学生利益不因教师的"民办身份"而缺损。例如让教师共同参与"爱生学校项目"的系列工作,听取各行业典范人物的励志报告,或在学校组织的各类事务上轮换工作，以培养他们以虔诚之心对待"有益于所有学生生命成长的那些事"。

关于课程、指向教育性的活动等事务，是学校组织的"运营核心"。其所涉及的教育教学技能的标准化要求，必须作为校本化教师教育的长效工作。因此，教师在踏上工作岗位前都应当经过长时间的培训。遗憾的是目前某些师范院校对未来教师的实习及其他实务培训显得有点迟钝甚至无所谓，这就逼迫中小学校必须利用校本教师教育对教师进行长效的补课。

2. 校本化的教师教育机制如何建立

纸上谈兵并不等于战役的胜利。北外附校从"建立组织、确立目标、规划内容、加强评价"几个维度，建立校本化教师教育系统。

（1）建立组织与确立目标。学校成立了教师发展中心，下设培训部和教科室，教科室还承担教师评价职能；确立了教师发展目标——成为"适合一切学生的高质量教师"。

"推进教育教学技能的标准化"，是教师教育的核心任务。教育教学技能的标准化是对教师专业内涵和本质的要求，操作层面上、表观形式上的标准化，对专业工作毫无意义。例如，为了学生能更多地讨论，要求教师让学生围坐在一起，但是课堂讨论的关键更在于其他专业方面的设计元素，诸如问题的提出、背景材料准备，以及学生个体将自己对于研究对象探求所得出结论递交给学习共同体所有成员进行考验，并对其他成员的好意作出回报……如此复杂的工作流程很难用规章制度来加以规范化。教育教学工作"模糊输出"的特征，意味着无法将所有具体事项，通过规划和控制来实行操作上的标准化，只能做到教育教学技能在专业内涵和本质上的标准化。

（2）规划内容与加强评价。北外附校校本化教师教育的主要内容包括：观念（主要是教育观念）及其更新；道德（主要是职业道德）及其提升；能力（教育教学技能）及其提高；知识（包括本体性知识、条件性知识和实践性知识）及其拓展。

在民办学校，事业心、进取意识、敬业奉献精神不足是最大的问题。教师的专业能力例如教学内容的处理能力、运用教学方法和手段的能力、语言表达能力、教学科研能力、与学生交往能力、组织管理能力，都需要在实践中修炼；教师的知识结构也存在诸多的缺陷和问题。

校长应当承担观念、师德培训的主要授课任务。几年来，我连续为教师开设了系统讲座，包括"教师的远见卓识，其实来自关注学生的当下""今天教师为何迟钝于发现学生的优点""兴趣的培养与意志的训练""重塑教师学习的价值""'错误'的教育味道""幸福的教育与教育的幸福""中小学教师应有的基本修炼"等等。我们对教师能力和知识方面的培训主要依靠外聘的讲师团，它由十多位教育专家和学科专家组成。学校每学期还开出五次普适性的教师培训课程，若干次分小学、初中、高中举办的培训课程，以及学科性的专题讲座。

校本化的教师教育离不开与教师评价的深度结合。北外附校成立了"基于校本的教师发展评价指标体系及实施机制研究"课题组，该课题被列为"北京市规划课题"，已于2016年结题；研制并实施"教师专业能力与课堂教学行为日常考评办法"，每学期对教师进行教学清晰性考评、课堂教学基本能力考评、期中教师自评、学生满意度调查、期终教师考评等五次考评。对教师的日常考评关注"客观描述、价值判断、增值探索"三个重要环节，通过对教师日常教育教学活动信息的收集整理，了解教师职业发展的各种状况；结合教师个体职业发展计划，评价教师职业发展的优势和特长，旨在鼓励和促进教师自觉接受校本化的教师教育，并相应地调整教师教育的课程内容。

3. 北外附校是如何实施校本化教师教育的

校长出于好意，总是想方设法号召并强硬地要求教师学习，有时反而引起教师的消极抵抗、抱怨，甚至觉得这是"校长对教师的压迫"。要促进教师学习，需要重塑学习的价值。

学习是一种荣誉。如果把学习作为一种责任、义务甚至是行政规矩去要求教师，就如同一切强硬的管理手段起的作用一样，效果都是相反的。所以，关键在于要提高校本化教师教育的内在质量，使教师能够产生发自内心的参加学习的渴望，从而使"学习成为一种荣誉"。

"有用"才是学习的动力。将学习和日常教育教学工作结合起来，是一种高效的学习方法。学校做一些课题项目、专题研讨，其实质就是为了推进行动学习。忽视针对具体问题展开的学习，认为只有专家引领的坐而论道的学习才是真正的学习的看法，其实是一种短视。

建立主题教育课程。主题教育课程要基于学校和学科现实，以问题为中心，以实践为导向，追求"有启发、可借用、有效果"的实践价值。例如教育教学技能方面，北外附校教师教育的主题有"教学如何让学习发生"，"建构具有'深度学习'特征的课堂教学"等。

搭建一个"用学生来促动教师学习的平台"。我常常在想，作为校长，我能够做到认真带头学习，是因为看到了来自教师群体的目光。处在教师审视的目光中，校长是无法懈怠的。同样，如果将教师也置于学生注视的目光中，教师也不敢懈怠。在学校内搭建师生可以公开讨论学习话题的平台，不是一件难事，在这个平台上教师会看到来自学生的各种期待，从而感受到自己必须通过努力学习来回应这些期待。

抓住各种机会让优秀的教师、管理干部上台演讲，让更多的教师成为学校各种会议的讲演者，让他们现身说法，这是组织内部学习的最佳方式。对于讲课教师，是一次高效率的学习过程；对于听课教师，是很自然的自我反思机会——"如果我有这样的机会，我如何比他讲得更好，或我有他讲得这样精彩吗"；对于管理者来说，也可以看到身边的现实问题；对于校长来说，可以尽快发现优秀的"项目先生"，吸引他们进入学校管理团队或参与学校变革行动。

教研组学术文化建设的几点思考

无论我在教研室工作还是在学校工作,教研组长总是向我讨教如何管理教学研究,核心话题是如何"营造良好的学术氛围",在这一话题下各有各的做法。正确处理以下几个方面的辩证关系,是教研组通达"良好学术氛围"的必要途径。

1. 既要有理念,还要有行动

正如市场上太多改良过的商品让人们目不暇接,教育也有很多"最新款的、改良过的"新话语,一所学校如果过分迷信"快捷便利"的今日发明,购买的只是教育的海市蜃楼,最后得到的不过是教育的泡沫。教研组如果只停留在"基于学生生命成长"之类的口号式理念,如果没有具体的行动跟进,给人的感觉像饿着肚子在吃棉花糖——好吃而不能果腹。

一个高效能的学习型教研组织,应当向前走一步,把重点放在关键的问题上——怎样使希望变成现实。例如,如何让学生的学业进步,应当解决这些问题:"我们希望所有学生都要学习,那么希望他们学会什么呢?我们如何知道学生是否在学习?如果学生不学习我们怎么办?我们如何让学生投入到自己的学业中?"有效的学科教育需要非常具体的有关行动的陈述,如果没有明确回答上述四个问题,再多的教育理念对于提高学生学业水平也无济于事。

教研组的工作更需要研究细节：想做什么？如何知道正在取得成功？需要做些什么以确保成功？教研组全体成员要自觉地努力掌握"为学生寻找成功策略的全部本领"，这需要有具体的行动和进程的一系列安排。

2. 既要甘于孤独，还要寻求协作

教书一直被称为"一种孤独的职业"，教师的孤独会产生一系列的问题，例如限制了对新思想的吸收、阻碍了解决问题的较好办法的获取、习惯性地保守并抵制教学革新现象。孤独是一个问题，但孤独也不全是问题，独立思考和独立工作能力是孕育高水平学术成果的基础。最新的思想常常产生在团体的边缘人中，因为保持和自己内心的声音接触、个人的独立思考、甘于孤独的能力，更能产生深刻的见解。

一所成功的学校，通常有以下一些表象：同事之间闲聊中离不开工作和专业；提高学生的成绩和学业能力成为教研组会议的焦点；决策的制定源自提高学生成绩的尝试或最佳实践；自觉地进行评估和反思；专业会议时，最后一排的位置常常是空着的；管理者常常跟教师说"我们一起来研究一下这个问题"，放学铃响后，教师不是最快冲出教室……显然，这一切只靠"孤独的"个体努力是远远不够的，更需要教研组各成员的通力协作。

有证据表明，相比停留在孤立主义的教研组，被协作充实了的教研组其成员和共同体都发展得更好。当教师进入正确的专业发展轨道时，个人的目标听上去不再是私人的事，更有社会的层面，例如与他人有效地合作、成为更好的学习型组织的成员等，教师也很愿意将自己的愿望转变成公共的议事日程和事项。当教师认识到自己是教研组这个"家"的一员，共同进步就真的成为与自己的教育所为休戚相关的事，那就自然会采取更大范围的行动，使个人在教学中的目标不断推进，直至与教研组的整体改善联系在一起，并认真地把个人在教学中的目标作为共同发展的主题来度量。

3. 既要会"照着说"，还要会"接着说"

有着"良好学术氛围"的教研组，一个重要的特征是每个成员都成为有主动学习习惯的"好学之人"。为了抓住机会鼓励每个教师学习，校长应当把自己的战略见识加以概念化，以便使这些见识成为公众的知识，逐步形成系统的认识。例如，近几年我在北外附校推进的魅力课堂、学习发生、不教的教学育等概念，虽然被广大教师接受，他们也在努力改变工作，但有些教研组业绩提高十分明显，有些教研组除了有变革的冲动外，工作业绩没有明显的提高。究其原因发现，前者建立了"接着说"而不只是"照着说"的话语系统，在后续工作中有更加务实的行动跟进；而后者只停留在"照着说"的知性状态。

为了形成"接着说"而不只是"照着说"的教研活动"生态"，在教研活动中教研组长应当成为"主题明确"的引导者：一个陈述十分明确的问题，能够提供相关的背景材料，集中描述问题最核心的部分，给个人阐明这个问题的观点提供足够的空间。

（1）集中精神。焦点人物和他的议题是整个教研活动的主要元素，焦点人物和事件要成为教研活动的共同体中的伟大事物，议题是神圣的，议题中的人物更是值得尊敬的。要将焦点人物和他的议题置于整个活动的中心，发言者不要将自己放在那个位置上。集中精神意味着要将一切无关的是是非非抛弃脑后而只关心焦点人物和他的事。

（2）问题和响应。问题是诚实而开放的，没有忠告、没有过量的确认（我是怎样解决的，应当看哪本书等），个人可以不去关注自己不感兴趣的问题，也不阻止别人谈这些问题，在问题和响应的过程中形成显著的累积效果，存在于每个人和"潜在的导师"之间的层层隔膜慢慢地剥落。只有走入人的心灵，才能知道问题的答案。只有抽象观念而没有走入人的心灵，观念是没有用的。

（3）彼此聆听。彼此聆听的能力是积极交谈的关键，这种交谈能够帮助教师扩充深化作为优质教学之源的自身认同和自身完整。不要打断别人说话，不要将内部学术会议的谈话对外扩散，不要在会后向焦点人物提出意见或建议，因为这一切违反学术讨论的禁忌，要牢记在学术上尊重他人独善其身的精神需求。

（4）真实反映。人们有一种奇怪的自负：以为自己说了什么，就一定明白什么，事实并不是这样的，可能没有听到自己说，即使听到了，可能仍然不知道是什么意思。这就需要从自身的语言和非语言的线索中寻回关于解决困境的答案。真实的教学问题不是通过一次讨论就能学会相应的教学技术或者拥有超越技术的智慧，这只是一个播种的过程，虽然无从确认播下的种子会在何时何地如何开花结果，但是这比永不播种总要充满希望。

4. 既需要专业能力，还要懂得处理关系

教研组良好学术氛围的形成依赖教师高超的教育技能，如果没有内在的能力——必需的习惯和技能，就从事修正性的分析和行动，是一种"力不从心"的折磨。

领导者的重要职责是创造关系，教研组长除了对整个团队的专业能力发展负责外，对于构建良好的关系要有清醒的认识。对战争中勇敢行为的调查表明，将生死置之度外不完全是出于道德目的，而是出于一个更真实的目的——对战友的忠诚，只有当教研组成员之间有一个健康的关系型信任时，才能有效地鼓舞士气。

关系型信任是以共同的信念、核心的责任为前提的，不能用契约型信任来替代关系型信任。有些教研组长只会用以物质交换为基础的契约型信任，处理不当会伤害更多人的积极性。教研组长如果不是从学生发展、教师专业成长的角度去谈论工作，而是强调行政执行力、校长要求、学校给上级行政部门的印象等公共关系价值去布置工作，教师就会消极抵抗。

关系型信任有四个组成部分：尊重个人角色及其观点的重要性；管理自身角色的能力，拥有尊重他人的学校纪律、有序又安全的校园以及有意义的教学和评估；对他人的个人关怀，发现教师面临的个人挑战，帮助教师专业发展；形成关系型信任的正直，包括语言、行为和伦理规范的联盟。教研组长应当熟练掌握建立关系型信任的技巧，否则，很多时候可能会因遭遇不公正抱怨而深感委屈。

教研需要慷慨的专业行为文化

——

教研组是教学方法学习和应用的小组，每一个教师都清楚，增加关于课堂教学实践方面的知识量所带来的改变可能是革命性的，这就是为何要将课堂观察、课例研究、叙事研究或者主题汇谈等作为分享实践性知识的方式。

随着共享知识的成本下降，除了参与校内的教研活动还要参加区级、市级活动甚至向虚拟空间扩张，指向实践的"隐性知识"的清晰度也在增加，这一切都使得学科教学知识更加兼容，并且边际成本趋向于零。此时，影响教研组活动质量和效果的另一个重要因素便是文化，即教研组事务如何运行、人与人之间关系如何协调的一套共享假设。

毫无疑问，看似基本的原则实施起来并不轻松。讲正确的话并不是一件难事，但变成行动就不是一件简单的事，即便是指向简单操作的要求。例如，作为校长的我对年级部主任说，早晨学生进班前教室要通风，以保证室内空气清洁；如果年级部主任也接着对班主任只说同样的话，这句话最后就变成了"自说自话"。若要变成行动，就要考虑几点钟开窗、谁来开窗、几点钟关窗、雾霾雨雪等特殊天气咋办、谁来监督此项工作、如何保证长期坚持等。

带着讲稿上台，简简单单地说些故事或课例，不要求发言者有深刻的思考和参与者的知识内化，这样的教研活动只是坐在一起开开会而已。擅长于对知识讲授和能力训练、教学方法、课堂信息、学生学业现状及学习效果进行即时处理和反思的教师，始终都在分享平时的观察并尝试提高自己的技能。同样是教研活动，平时习惯于思考的教师，总是愿意与同行分享成功经验与面临的困难，这比起孤军奋战的教师群体会进步得更快、更多。教研组作为一个指向教学实践的专业组织，与其说是为了维护学科教学中某些特殊的知识，不如说是为了维护将同学科的教师团结在一起的文化。

学科教研活动需要所有成员拥有"慷慨"的行为习惯。

我是一位化学教师，化学学科起源于炼金术，实际上谁都不能点石成金。之所以几代炼金术士都在浪费生命，原因在于炼金术是秘籍，当然不能用来分享，更谈不上"慷慨"地与人分享。一代又一代炼金术士都在重复那些错误的工作，信息不通便是问题所在。后来，一群居住在伦敦的学者聚在一起讨论一些问题，他们没有固定的场所，只是相互通信，所以被称为"无形学院"，其多数成员的实际工作都涉及化学，他们猛烈地批评了炼金术士的工作。最后，炼金术被"无形学院"成员的一系列具有可重复性的实验和"可证伪性"的讨论，提升为化学。

做某件事的内在动机常常在于热爱和分享，热爱指向内心的淡定，分享指向开放和慷慨，分享能让你更有归属感并懂得共同进步的价值。如果你拥有了一根棍子，别人再给你一根棍子，你最要做的是将两根棍子互相摩擦生出火花，生出火花的那些知识就是你创造出的关于学科教学法的潜在知识的价值。归属于共同进步之下所产生的责任感，让你毫无怨言地去寻找这一类"知识的火花"，并与大家慷慨地分享，"知识的火花"激发的知识增量所带来的将是专业水平和能力的革命，这也是教研组学术文化建设的内涵所在。

教研组活动的价值趋向是市场无法创造的，当所有成员都发自内心地想参与专业活动，或者专业活动成为一种开放的选择时，带来的将是教师同行之间全新的关系和良好的教研组学术风气，而不是关于功利、津贴和福利等那些庸俗的事。"将动机标价会减少人们做事的动机"，教研组活动的价值是市场创造不出来的，试图通过"对教研活动的主题发言者和研究型教师"发放补贴的方式来提升教研工作的效能,这是错误的思维方式。因为教研组的学术文化不是个人行为的简单相加,而是教研团队内集体持有的一套规范和行为准则,有关教学法方面的知识创新的价值只能靠一系列分享和相互协调性的假设,也就是说要紧紧依靠教研组"慷慨的专业行为文化"。

［注：本节内容的部分观点受到（美）克莱·舍基《认知盈余》(胡永等译）的启发。］

修炼"教师之精神"

———

自从我们当教师开始,担忧和恐惧总是伴随着我们。安全问题,家校冲突,教育行政部门的要求,学校今后的发展与面临的变革,人际关系的复杂……不过,放眼学校之外,其实人人都不容易,医患矛盾、社会稳定问题、官场压力、食品安全等等,没有人说自己过得很惬意、很自在。正如古诗所云,"战战兢兢,如临深渊,如履薄冰"。台湾学者南怀瑾先生说,一个真正的教育家,必须有宗教家的精神,做教育是需要某种精神力量支撑的。

1. 教师要懂得基本的"为师之道"

年轻人进入了教师行列,自然有很多梦想。孔子说:"不患无位,患所以立。不患莫己知,求为可知也。"新入职的教师不要怕没有地位,最怕自己没有什么东西能让自己站得起来;也不要怕没有人了解你,只要能够充实自己,别人自然会知道你。

选择做教师,其实是选择了一种修行。南怀瑾先生在他解读《论语》的一本书上说,"老师的道,只有忠恕而已矣。做人做事,尽心尽力,对人尽量宽恕、包容",这指明了修炼"教师之道"的方向。一个人如果不是志于这个道,讨厌宁静的生活,不屑于辛勤的劳作,受不了某些委屈,就没有什么当好教师的话题可谈了。教师对于身边的事务,应该不应该做、是否认真去做,是"以义作比对"的，如果想着发多大的财，做多大的官，或者想着得到某一点好处，那么，就不应该选择做教师这条路。

选择做教师，就必须好好地干。"君子怀德"，教师要担起职业良知下的重大责任，因为教师是向孩子的未来宣誓的，要使孩子发生对人生有益的变化。"小人怀惠"，处处讲利害，基于利害而做人做事，最后招来的是更多的怨恨，况且，教师职业本身决定了你无论怎么去计较也没有什么大的利益可图。"内心有道"的教师更懂得"放于利而行"，不计利益而好好干、"撸起袖子"放开干，成功了懂得退隐而不居功，这样的教师，让学生感到亲切，更让同行起敬。

我们还需要见贤思齐，向贤达的教师学习。当遇见一个有道德、学问高、修养好的教师，要好好跟着学，以其为榜样，力求在造诣上有同等的成就。当然，也会遇到个别不贤达的甚至有点坏的同事，也没有必要讨厌他，更不必与其斗气，最好把他当作自己的借镜，藉以自我反省。"以约失之者，鲜也"，按照"教师之道"对自身进行自我约束、自我管理，失败的事情就少了，能够长期坚持，离贤达的教师就不远了，自然地立足于教师行列。

2. 教师要懂得专业的"爱生之道"

教师内在的工作动力源自职业良知，最能触动这种良知的是教师对学生的爱。一个教师假如没有基本的爱心，就谈不上对教育尽忠，也难以坚定地为孩子的未来发展而尽责。教师爱学生，不是简单地呵护或提供父母般的生活服务，更不是对学生随意放纵，而是一种有教育专业质地的爱。这种爱是教师专业水平的体现，教师需要在日常工作中通过用心地修炼，形成如何爱学生的专业能力。

爱学生首先要了解学生，对于所教孩子的信息要尽可能地全面掌握，包括孩子的困难和疾苦，还要熟知日常教育和管理学生的具体工作事务，例如出勤管理、餐饮管理（饭前洗手、饮食卫生习惯养成等）、管理班级纪律卫生、监督学生文明行为、促进学生学业发展、带领学生锻炼等等，不敢马虎。

教师爱学生应当是发自内心的，而不是做给别人看的。在有的校园里，偶尔会发现这样的情形：送小学生放学的老师只管自己快速前往，小学生后面快步跟着，明显看出教师的心态是"快点送走、尽早下班回家"；当一看到校长时，老师马上放慢脚步，两手拉起两个小学生的小手，装亲热的样子并热情地与校长打招呼。类似的装样子关心、关怀学生的现象在校园里时常可见。大会小会上讲那些爱孩子的故事，都能讲得很好，但真正做到发自内心地爱学生、爱所教的所有学生、爱全校的学生，其实是很难的。

教师爱学生是不能分彼此的，优秀的乖孩子，人见人爱，教师自然喜欢；但对于不够优秀甚至有些恶习的孩子，教师更要爱他，因为他不好，所以必须爱他，使他好，这正是教育家的态度。要周全地爱学生，而不能比附一方，绝对不能拿好学生作为标杆去奚落和伤害落后的学生。教师如果缺失这种慈爱，光是劝导教化学生是没有用的。教育有时候讲究的不是理性逻辑，而是那种共情力、故事力和附加一切教育行为以"爱的专业意义"。

3. 教师要将"不迁怒，不贰过"作为修养的目标

孔子表扬学生颜回"不迁怒、不贰过"，有着如此优良的学问德业，孔子三千弟子中没有第二人了。"迁怒"就是乱发脾气；"贰过"是第一次犯了错误，第二次又犯了同样的错误。"不迁怒、不贰过"，这也是师德修养所追求的目标。

对孩子发脾气，尤其是施威式的咆哮、无理由的漫骂，除了给孩子带来恐惧或伤害之外，已没有任何教育的味道。教师在教育孩子的时候，难免会生气，当被孩子气得近乎要发怒时，教师应当先离场，让自己消消气，因为愤怒时刻采取过激的行动，除了失态之外，早已远离了本真的教育。

当然，调皮、顽劣的孩子确实不能放纵，是要花功夫调教的，这并不是依靠训斥、发脾气甚至打骂孩子，就能够达到教育效果的。孔子教育人的态度是"循循然善诱人"，教育的主流方式是诱导，说穿了是"骗人"而已，从某种角度上说，教育是"善意的忽悠"；当然，不是乱忽悠，这是要讲教育策略和原则的。教师要根据学生的思想、品格施教，不勉强人，不挡住人，把门打开给学生看，诱导学生进去。与中小学生交往，不要死守逻辑规则，更

需要有故事力、共情力、意义感等感性的东西，任何时候"迁怒"都不是好的教育方式。

还有一种与"不迁怒"相近的修养是"色难"，就是态度很难。教师爱护学生，态度很难，有些新教师为了让学生感到亲切，对着镜子练习慈祥的笑，这是非常可贵的。孩子们看到我总是喜欢往我身边挤，与我打招呼、合影或开玩笑，我不管有多少烦恼看到孩子总是很开心，这是远距离的亲近，很多人都能做到。而离孩子最近的一线教师，如果能够做到对所有的孩子态度都很好，这是很难的，内心上做到坚定地爱所有孩子，就更难了。"骂是爱"，"训斥孩子是一种严厉的、负责任的教育"，这是胡话。你说你爱学生，对学生开口就骂，遇一点小事就训斥，把脾气都发在学生身上，发了脾气之后，你对他再好也没有用了。

"不贰过"这层修养，比起"不迁怒"的操守，那是更深一层的功夫了。一个优秀教师的成长史，其实是不断修正自己过失的工作史。而有些老师做了10年的老师，其实只是做了10个1年的老师，因为他没有做到"不贰过"，总是不断重复地犯错，包括那些最低级的错误。教师真正要想将工作做得更好，就需要不断地自省、反思并加强学习。教师如果以"不贰过"的要求约束自己，每天总会感到自己还不充实，还要改进，因为做教师的学问同其他学问一样，如逆水行舟，不进则退，只有不断地学习，包括向书本学习、向实践学习、向同事学习，还要向学生学习，教师才能不断进步。

南怀瑾先生说，"不迁怒、不贰过"这六个字，如果真能做到，不是圣人，也算是个贤人了。一个教师要想使自己拥有师道的风范，必须朝着"不迁怒、不贰过"的修养而努力。

4.教师要善于做学生的思想工作

人活着就有思想，凡是思想一定会有问题，没有问题就没有思想。学生成长中出现的问题首先是思想问题，学业问题与思想有关，德性、行为、人际关系等问题更与思想有关。只要思想纯正，什么问题都好解决。教育的问题要用教育的办法去解决，学生成长过程中的思想问题也一样。任何时候，对学生的思想教育都不能松懈，以严格的管理、严酷的学业要求以及激烈的竞争来取代思想的引导，这是学校教育的简单粗暴。

教师应当能够及时发现学生个体中出现的思想问题，大问题常常源自小问题，学生的思想问题是在一些日常行为表现等小事中反映出来的，教师要有这样的洞察力，毛病出在哪里，先找到病源，然后找到解决的办法。教师对个别学生进行思想教育，事先必须做足功课，然后创设教育的机会，适时地进行引导。呵斥、强制、简单粗暴都不是思想教育的有效方式。

那些"内心有道""功力十足"的教师，即使在那里不动，只要发号施令甚至眼色行事，学生就会跟着教师的方向动。教师的"内心之道""专业功夫"显然与文化修养及内在品质有关，需要长期地学习、反思和修炼才能形成。

5. 教师的修炼需要"如切如磋，如琢如磨"

修炼成一个真正的教师，要走相当漫长的路，其间还要经受各种委屈，远离各种诱惑，坚守"不能耽误学生"的教育良知，从不消极怠工。置身一种需要修行的职业，教师在任何环境下，都要做到"安贫乐道"，受得了寂寞，受得了平淡，踏踏实实地完成日常事务，"得意不忘形，失意也不忘形"，达到这样的修养是很难的。

教师需要长期地与自己的"不胜任"作斗争。你拥有教师资格证、找到了教师职位甚至有一定的教学经验，并不意味着你就是一个能全面胜任的教师，你还会发现，在学校内部"力不能及的人"不只你一个，不胜任现象似乎在学校四处漫延，你可能因此而沮丧。或许，你只担任任课教师时聪明干练，但当你当班主任、备课组长或晋升到高一层级的职位时很可能就显得迟钝了，就好像蜡烛照亮餐桌绰绰有余，但用来当街灯就不够亮了；你有超高的学历层次，但你任职的只是中小学教师，这个职位也不见得你就能完全胜任，正如将明亮的街灯移用作台灯，也不见得就适合。

面对课堂教学、学科教学研究、班级管理以及与学生交流、与家长打交道、向领导汇报工作等日常事务处理，除了要有专精的学科知识、广博的相关知识之外，还要懂得基本的工作规范、拥有良好的教育智慧，作为教师的提前性知识在入职前可以学会，而教育能力和智慧则需要长期的"切、磋、琢、磨"，像做玉石那样花费"如切如磋，如琢如磨"的功夫。

　　教师做人做事以及其他实践的学问，大多是在工作中生成的，很难从现成的书本里找到答案，或许从一些书籍中知道某一件事发生过，它的善恶、处理方法都可以知道，但也只能作为现实工作的参考，无法辐射到每天发生的所有事务中，这就需要教师"顶门上另有一只眼睛"，反思和修正自身的行为，调整均衡能力的发展，完善教育策略，"敏于事而慎于言"，逐步修炼成为熟练处各类棘手教育教学事务的高手。"如切如磋，如琢如磨"，说明教师的修炼之途是漫长的，伴随我们全部的职业生涯。

上课,不等于演讲

我观察过教师的很多课例,都有一个通病:教师总是在课堂上刻意地只是将自己表演得特别完美,而没有更多地关注学生。然后,带着自我肯定的味道向我征求意见。

教师的优秀体现在对学生的帮助并使学生优秀上。如果教师没能帮助学生学习他们想要了解和需要了解的东西,而只是向学生展示"我有多聪明""我的知识多么渊博""我备课多认真",这是教师的某种堕落,将教学艺术堕落为一种演出。

教师讲了什么,并不等于学生就学会了什么;教师演讲得很精彩、很过瘾,并不等于学生就学得很精彩、很过瘾。教师的教学就是为了让学生的学习发生,如果学生的学习没有发生,教师做的一切都是白忙活。从《论语》中可以发现,孔子并不总是与学生滔滔不绝地讲自己的观点,很多时候,是学生思考后的观点呈现,孔子给予肯定、引导或完善,孔子所做的事是激发学生思考。

如果能把古人最基本的教育观研究透、执行好,即使方式上有点陈旧、传统,也能将课堂教学做得很扎实。孔子说:"不愤不启,不悱不发,举一隅不以三隅反,则不复也。"南怀瑾先生是这样解读的:所谓"愤"就是激愤的心情,"启"就是发,在启发学生之前,先使他发愤,然后再启发他;"悱"就是内心有怀疑、不同意，多怀疑就自然会去研究，"发"就是研究；"举一隅不以三隅反"，桌子有四角，讲了一角，其余三角都会了解，这就是通常说的"举一反三"。

孔子说"学而不思则罔"，课堂教学中如何激发学生的思考呢？一是要提供各种素材让学生多闻、多见、多感知、多实践，必须让学生亲眼见、亲自实践，学生自身的经验和体会是知识内化的前提。二是要建立基于对话的"教学共同体"机制，教学共同体包含三个要素：知识的领域，共同关注该领域的人，以及为有效获得该领域的知识的共同实践。"对话"是师生一起共享知识的过程，教学共同体中的每一个成员，将自己的观察、解释提请共同体全体进行验证，并对其他成员的好意作出回报。三是要给学生"思考的空间"，教师要抓住知识的关键部分，从文本中找出简短但反复出现的部分，先让学生看一遍，再让学生检查一次，然后再推敲一次，找出它们的相互关系并且应用，达到"举一反三"的教学效果。

在讲授新课时，一般要有导入新课的环节。导入是否精彩，关键在于是否让学生对新话题感到有疑问，有意地用"旧知识、旧观念推出了不正确的结论"来刺激学生，让学生发愤、怀疑、不同意，然后逐步展开新知识的学习。教师讲授新课时，要通过一系列事件的设计，引起学生的观点冲突、思维冲突，从而导致某种"混乱"情境的发生；然后再启发学生，让学生去研究，逐个解除心中的疑惑，最后达成一致观点；最终走向课堂教学的有序和安静。如果课堂教学总是教师讲、学生静静地听，无论使用了多么先进的设备，采用何种现代化的手段，最终总归要陷入"注入式""满堂灌"的泥潭中。

谙熟最基本的教育方法和行动法则，是教师必备的基本功。为人师，如果连基本的教育方法都不会，这是对孩子的犯罪，正如古人所说"误人子弟，男盗女娼"，如果只想找个轻松的、随意的工作，千万别去做老师。

重塑教师学习的价值

校长努力要做的事，是如何使学校"更像一所学校"。不仅是学生学习的学校，更是教师学习的学校，教师是"接受学校支付报酬的学生"。

当然，教师的学习不同于学生的在校学习，是建立在教师对自己工作现状不满，希望通过学习得到不断改进和提升的基础上的。我更关注的是教师在教学设计、认知和关爱学生等方面的思维培养，也关注教职工、行政干部在做事方式、操作流程、处理人际关系能力等方面的实务培训以及危机意识的养成，这一些基本智力将决定学校日常秩序的稳定，从而为学校获得成功提供保证。

"将学校打造成永续成功的地方"，这是校长的梦。关键在于，学校能否成长为一个学习型组织。了解我的人都知道，我并没有过多地参与到具体的学校日常运营中，而是将更多的时间用于创造一些针对学校现实的管理理念，帮助分管校长、部门领导寻找解决问题的办法，并确保学校的基本价值观、愿景和使命感等能在实际中得到实实在在的实施和推广。

校长和各级管理干部出于好意，总是想方设法地号召并强硬地要求教师学习，有时反而引起教师的消极抵抗、抱怨，甚至觉得这是干部对教师的压迫。正如学生不肯学习不一定都是学生的过错一样，教师对于通过学习去追求进步的漠视也可能是学校管理的过错，我常常处在这样的反思甚至自责中。

这种自责引发了我对于教师学习的思考。教师不是不肯学习之人，促进教师的学习要从重塑作为教师的在职学习的价值开始。

（1）学习需要自觉。如果用硬性的行政规定要求教师学习，教师就会麻木不仁。对没有准时参加培训的教师采取扣款处罚，也阻止不了教师学习时的"溜号"。教师似乎是给校长面子或迫于行政压力，才参加的。如果没有把学习作为一种荣誉来塑造其内在价值，一切强硬的管理手段起的作用是相反的。关键要提高培训的内在质量，以至于教师产生发自内心的参加培训的渴望。

（2）要建立"行动学习"的概念，并贯穿始终。教研组的年度计划研制、教研活动设计、案例研究、叙事、共同书写总结，年级组的学生活动安排、走廊及环境布置、日常管理中存在的问题及解决办法的讨论、学生集体活动后的总结和反思……这些都是行动学习的方式。学校做一些课题项目、搞一些专题研讨，其实质是为了推进行动学习。看不起这些针对具体问题展开的学习，认为只有专家引领的坐而论道的学习才是真正的学习，其实是一种短视。

（3）搭建师生可以开放讨论问题的平台。在学校内搭建一个师生可以公开讨论学习话题的平台，教师在这个平台上会看到来自学生的各种期待，从而感受到自己必须通过强力的学习来回应这种期待。因此，在网上搭建由教师领衔、学生参与的论坛，并让各个教师的论坛相互开放，比任何高声地呵斥教师要主动去学习都有用。

（4）校长要"深潜"到教师的学习讨论中。校长要少一点公开演讲，尤其是长篇大论的讲话，很多时候你其实只是一个自说自话的人。校长要有这样的自知之明：教师对你表面上的恭敬其实并不表示内心的敬重，你可能是一个十分令人厌烦的人，因为你的话太多，甚至认为你很偏执、不讲理。在北外附校，除非必须，周末的教师大会，我一般不发表讲话。即使要讲话，一般都讲短话而且从不用讲稿。我喜欢公开地了解一些情况，听取教师的发言，阅读各学部提供的信息、校园网的新闻、教师的文字报告，到课堂听课参与教师的讨论。事实上，教师及我的下属教给我的和我教给他们的一样多，利用来自第一线教师的思想，更能看清问题的本质。

教师更喜欢参与到一些共同问题的解决中，这会触动他们的使命感和成就感。调动教师积极性的最好方法，是让他们感受到他们比作为校长的你在很多时候显得重要，当所有人认为将事情做好比"把校长侍候好"更要紧，一所学校将会成为"活力中心"。此时，你作为校长不需要板着脸孔去巡视，而是带着喜悦去参与。或许有一天作为校长的你离开这所学校时，大家也不觉得你那么重要，只是，当你离开的那所学校如果管理不善时，教师才想起，原来前任校长的策略是"将我们搞得比他还重要，其实校长真的很重要"。管理学校的策略在于此，推进教师的学习，策略也在于此。

教师的"学习力"

当教师开始关心过去而不再关心未来时,他的学习能力将大大降低。一个人的竞争力在于学习力,教师一旦失去了学习力,学生将遭受灾难;分管校长失去了学习力,所分管的团队将遭受磨难;校长失去了学习力,对学校来说近乎灭顶之灾。校长要有这样一种自觉,如果无法离开校长岗位,就要保持旺盛的学习力,并努力将这种意识传递给每一位教职员工。

提高学习力有很多方式:

(1)向内部学习。向学校内部表现出色的部门和个人学习,这是打造学习型组织的第一步,北外附校从之前的教师不太会说话,到现在个个都想要表达的机会,这是很大的进步。后续要做工作的是,发现那些"数一数二的先生"并使他们有更好的表现机会,让更多的人看到,优秀的人、有价值的教育哲学、追寻真理的行动,就在我们身边。

(2)向外部学习。将学校与更大的外部包括教育领域之外的外部相连接,对于提高"学校能力"特别重要,学校里有一些"不食人间烟火"的迂腐的人,让他们长一点见识与学点知识同样重要。当教师更多地接触社会时,个人主义、自我为大、自以为是的思维习惯能得到有效修正。

(3)鼓励学校内部的良性竞争。这种竞争要处在一种"无边界"状态,大家都是为了让学生发展得更好,没有你我之间一争高低的必要。让教师感觉到这样的压力：如果我不努力我的学生会更落后，而不只是我个人的事。教师心中的"道德目标"越强大，越是能够保护学校内部的竞争永远处于良性状态，从而形成你追我赶的良好局面。我突然发现，北外附校到处充满着好想法而且有了相互学习的习惯，在一些管理成熟的区域，还激活了每个人都愿意为学校发展提出好的想法和思路，这确实是一种惊喜。

（4）将学习到的东西运用到实践中。北外附校倡导这样的学习：必须将学到的东西尽快消化并迅速用到实践之中，教师的学习如果不以"有用的功利"为利器，学习的激情是无法持久的。学以致用，是提升教师在职学习效率、提高教师业绩的唯一途径，否则，校本培训及其他教师教育将成为无用功，既浪费时间又遭到教师抱怨，哪怕天天学习也不会给学校发展带来任何好处。

一所学校，最可怕的是教师不敢发表自己的观点，对那些明知是错误的观点也点头称是。虽然，校长有办法禁止教师或下属干部对自己的不恭敬，但不能以不让他们发表观点为代价。我对于不让教师表达的学校氛围深恶痛绝。在学校里建立一种畅所欲言、公开、自由的工作环境，这是非常重要的。校长要有容忍教师发表与自己不同见解的气量，并有能力掌控教师使其能够有理有节地表达，以免出现混乱和无政府状态。

不盲从是最佳的学习模式，要努力让教师做到不盲从，能够充满自信地表达独立的见解，哪怕是与很多人相反或与学校最高领导相反的观点。教职工能够养成自由表达观点的习惯，时常相互之间为了某件事展开讨论甚至争吵，这会给校长带来很多启发，同时也能让决策更加成熟。当然，在这些学习和讨论中，校长自己要有专业能力和行政定力，否则，人云亦云，校长自己会不知所措。

学校每天都有一些具体问题需要解决，老练的校长虽然知道解决的办法和途径，但总是有意让下属自己去找解决的办法，并指导下属顺利地解决问题；下属如果在解决问题的过程中出现差错，也不会简单粗暴地追责，而是帮助纠偏，事后与下属共同分析和反思促进其提高；及时对下属的成功作出表扬和肯定，指导他们总结解决某类问题的一般思路，从而满足"人人都渴望成功"的需求。

当学校进入良性运转状态时,似乎没有什么急需解决的事,此时,校长要用"高目标"来引导管理团队和教师去寻找问题,引导大家追求更大的成功。当然,在传达高目标时,要给下属充分的自信而不是指责现状,并给他们解决问题的方向指引,提供适合各自能力的用"变革的办法"研究解决问题的课题,完成了这一步,一个系统的教练型校长的完整工作已经完成,并进入下一轮的"螺旋式上升"的培训中。

校长如何说，教师才会听

校长的日常工作语言对于推进学校工作有着重要的价值，虽然对话的原则很简单，但是高水平的说话方式并不是那么容易掌握的，需要在实践中不断修炼完善。

1. 运用宽松的语言

宽松的语言并不等于推进工作时的随意，校长对学校管理干部布置某项工作要求，不能被误解为"可以达到或可以达不到"，而是允许管理干部对于校长所提出的工作要求，作出"能够完成什么"的回应。

校长要以邀请的姿态与教职工对话，而不是以指挥的架势；校长要关注对于达成结果的讨论甚至认真倾听有理由的反对性陈述，而不只是要求教职工以唯唯诺诺的方式来维护你作为领导的形象。

如果校长总是以100%的确定向学校管理层发出指令，学校的管理团队永远不会学习。多用一些"也许""可能""可能会""很大可能"等表达方式，并引导管理干部表达"当然""现在""马上""肯定"等，从而使管理干部觉得最后的决策是他们定的，当获得成功时尽量表扬和肯定干部与教职工的工作，以使其更有成就感。

2. 规避可能伤及下属尊严的指责

校长常常发现这样一种情形：刚提拔的管理干部，虽然在课堂教学中是能手而在管理常识方面却是一个新手。如果只是指责干部的无能、低水平，这会伤及人的自尊，况且学会这些事其实是简单的，只要有一套模板让新干部学习，几次循环后，都会知道做这些事情的基本方法，再经过他们的不断完善，考虑的细节也会越来越周到。

校长以引导的方式教会管理层如何做事比用指责的方式说他们做得不好要高明得多，保护干部和教职工做事的积极性和主动性比简单追求完美更重要。

3. 不说不利于问题解决的负面语言

校长在研制解决问题方案时，应当多听听有关方面的声音，并且在出现危机时，例如家校冲突事件正在发生，校长应当尽量少指责因为谁没有做好工作引发了这一事件，而是把关注点放在如何发动力量积极面对上，并通过系统的运作解决好问题。

学校各部门之间偶尔也会发生冲突，例如："学部举行学生活动，就需要花钱；而财务部的职责是要控制成本，总是想方设法不让学部多花钱"，指责财务"太抠门"或指责这项活动为何要举办，都是负面的，校长要做的事是协调两个部门讨论如何既让活动做好又要少花钱。

4. 采用提问的方式

相比于校长以专家或上司的姿态去进行一场对话，采用提问的方式更有利于引导团队之间的合作。

校长以提问的方式说事，可以帮助教职工反思在这个问题上的逻辑，如果能提出好的问题，就会引导教职工向前一步并离解决问题更近；校长向管理干部提问，说明很在乎他们的意见，这必然会增加他们的工作动力，进一步提高士气；校长采用提问的方式说话的最大好处是，有关干部和教职工在回答过程中更有责任感,也更有可能去完成自己刚刚说过的事情。

　　校长如果精通如何说话,自如地掌控工作布置、问题研究以及与人谈心时的说话分寸,一所学校离成熟的管理已经不远了。

莫要忘了表扬和肯定学生

每当我到学校操场看学生做操，体育教师看到我后会特别有精神地对学生的做操表现进行点评，在十分严肃的训话背后，总让我感到有那么一点不愉快。我约见了体育教研组长，除了肯定他们所付出的努力外，我说："到了花园，我们首先应该看到鲜花而不是花园里的小石子"，我觉得孩子的做操有很多值得肯定的地方，有些小的瑕疵需要更加精细化的个别处理，而不是广而告之的渲染。

让我感到纳闷的是，现在的教师包括表现特别好的教师，对于发现学生的优点总是那样的迟钝，对于学生的进步的肯定总是那样吝啬，特别是高段的教师（低年级的教师有时还能做到）。偶尔到教室外边转转，就会听到这些熟悉的话语："看看你们的测验成绩，真是糟透了，还有那么多的同学考不及格。我已经一遍又一遍地给你们复习过了，但是你们总是那样的漫不经心，不认真写作业，上课不专心，你们的家长也不负责，没有认真地督促你们学习，我真不知道我如何才能把你们教好。"充满责难的气氛让学生看不到一点曙光。

如果我再深入地向老师了解学生现在的学业状况，会听到很多推托责任的话语：我们的学生有很多问题，个别学生不可救药；我的任务是教这门课，保证学生学会、学好可不是我的工作；我相信所有学生都会学习，但真正能学好的就是那么几个学生；我们的学生没有其他优秀学校的学生聪明，如果学校拥有更多的好学生，我的工作会做得更好……

北外附校挑选的学生总体素质应该很不错，即使是在我曾工作过的全省最优秀学生比较集中的杭外，也时有听到类似的话；几乎在所有中小学校里，这样推托责任地抱怨学生的话语，像瘟疫一样蔓延。

这让我仿佛听到医生在说："把身体更好的人送到我这里让我治疗，才能让大家感觉到我是一个能保证人人健康的好医生。"

以上这些说法的共同之处，就是某些教师可能是出于某种恐惧，不断地推托作为学校专业工作者的基本责任。对于学校共同体而言，还有什么比教师自己认为自己毫无力量、对于帮助学生克服自身发展的障碍显得无所作为更让人丧气呢？

每当考试季，我总要提醒教师不要再发生如上所述的事。不要简单地训斥学生，不要将学生的成绩公开排序（除了表扬成绩最优秀的同学和有进步的同学而公布成绩外），还要能看到学生的进步，以期待的目光给予学生继续进步的信心。

教师必须拥有来自职业本源的"道德的目标"，像医生那样努力将病人治好，至少使病人的身体状况比治疗前要有所好转。每个教师都要在肯定自己成绩的同时，主动地反思自身的不足，分析课堂教学中存在的问题及改进的方向。

建立一所成功学校的关键在于改造学校的文化，我希望学校的文化能带来学生的成功以及卓越的成果，而不是像有些发展不好的学校那样问题重重。当然，这需要教师有娴熟的教育技能并不断提升自己超越教学技能之上的教育智慧。

基于校本的教师发展性评价

评价教师是管理教师队伍、促进教师发展的基本手段,"为何评""评什么""如何评"是教师评价研究和实践的三大关键问题。北外附校基于校本的教师评价体系在设计依据、指标选择、培训支持等方面集中体现了"一切为了教师更好的专业发展"的思路,在教师考核评价方案的开发等方面作了多年的探索并积累了一些经验。

1. 为何评——为了教师的专业发展

就教师评价的目的而言,教师评价制度主要有两类:一类是"奖惩性教师评价",评价的目的是为了审视教师的资格、评判教师的教育教学能力,在学校人事部门对教师进行职称评定、绩效奖励以及是否留任等决策时提供依据;另一类是"发展性教师评价",这种评价的目的是为了促进教师个人和学校整体的共同发展。

"奖惩性教师评价"只考察教师在特定的时间和空间中的现实状态,以对教师作出奖励和惩罚的判断为评价的目的,通过对教师工作过程的检查,从教师的"工作痕迹"来鉴定教师是否认真地履行工作职责,以及教师的工作绩效是否符合学校的期望。

"发展性教师评价"的最终目的是促进学校教师的专业发展,教师通过经历评价的整个过程以及通过评价结果的反馈，了解到学校对自己的期望，从中进一步明确自身的发展需求。同时，也为教师确立更适切的培训任务以及设法为教师提供更多的自我发展的机会，从而有效提高教师履职能力。显然，这种评价制度的着眼点在于教师的未来。

北外附校基于校本的教师评价，把发展教师作为评价的根本，着眼点在于如何提高教师的专业水平，促进教师的专业成长。显然，这是基于校本的"发展性教师评价"。北外附校的教师评价体系的目标，主要参照"加拿大安大略省新入职教师的表现性评价的体系"，体现在以下五个方面：第一，评价教师的知识、技能与态度；第二，为教师进一步的提高作规划；第三，使教师在学校这个学习共同体里有更多的机会进行专业交流与探索，从而不断地发展与进步；第四，鼓励教师通过提高自身来促进学生的学业成功；第五，让教师通过专业对话，来加深对教育部新颁布的教师专业标准的理解。

北外附校通过建立一系列合理有效的基于校本的教师评价制度，积极打造一支"适合一切学生的、高质量的教师队伍"，从而保障每个学生的学业水平和全面素质达到应有的发展水平，为学校各项事业的可持续发展提供了有力的保障。

2. 评什么——以教师专业标准为依据

"发展性教师评价"摒弃了传统的重奖罚的"终结性教师评价"的弊端，通过对教师专业理念、专业态度、专业知识与技能以及专业发展的期望与追求等几个组成部分的促进作用，推进教师的专业发展。

教育部颁布了《小学教师专业标准（试行）》和《中学教师专业标准（试行）》，从专业理念与师德、专业知识、专业能力三个维度以及职业理解与认识、对学生的态度与行为、教育教学的态度与行为、个人修养与行为、教育知识、学科知识、学科教学知识、通识性知识、教学设计、教学实施、班级管理与教育活动、教育教学评价、沟通与合作、反思与发展等领域提出了系统要求。北外附校设立了教师评价课题组，依据"中小学教师专业标准"并结合学校现实、学科特点，研制针对各个学部、学科和教师群体的评价内容和指标体系，设计切合学校实际的、校本化的、指向教师专业发展的评价体系与运行程序，形成了相对公平公正、体现学科性和发展性、可操作、文本化的测量办法，从而促进教师对自身专业发展的自觉追求。

教师评价标准是分层次的，可以分为课堂教学技能评价标准、教学评价标准和教师评价标准三个层次。北外附校对教师的评价采用"从小处着手，侧重学科与课堂"的策略。将主要精力放在课堂教学技能和学科教师教学行为上。对于课堂教学技能的评价标准，如导入、板书、讲解、提问、演示、强化、练习、反馈、结束、作业等，设计了具体的、细化的评价指标。把重点放在学科教师教学行为的相关指标体系的研制中，包括与课堂相关的课堂之外的教师行为，如备课、教具和实验器材的准备、学情分析、学生情况的掌控、课后辅导、作业批改、命题与考试组织、聚集教与学的研讨、教学资源选择等。而对于超越课堂教学技能、学科教学行为之上的涉及方方面面的教师评价，包括教学以外的工作表现的评价，例如教师的科研工作、校内兼职、社会服务等，则采用相对笼统的、模糊的内容和指标设计的策略，不作精细的追踪。

北外附校"基于校本的教师发展性评价"以激发内在的发展需求和发展动力为前提，引导教师通过隐性知识的显性化实现自我反思，并在此基础上规划教师个人的职业生涯发展，通过定期接受与自身教育教学相关的多方主体，如专家、同行、主管领导、学生、家长的评价信息来不断对自己的教学行为进行分析与反思，从而对自身的教育教学行为自觉进行调控，达到主动发展的目的。"基于校本的教师发展性评价"不只是一种单纯的管理手段，更是教师专业指导行为，在评价过程中对教师进行有效的帮助、指导和支持。

北外附校"基于校本的教师发展性评价"，在保持教师适度的绩效压力的基础上，以激发教师的内在动力为着眼点，鼓励所有教师在原有基础上不断提高专业水平，发展专业素质。重视日常考评，采用分阶段突出重点的策略，研制简便易行的评价标准，从而把握评价的切入点，且操作层面必须有具体的可操作的量表，并将评价纳入教师日常教育教学活动的基本组成部分。

北外附校"基于校本的教师发展性评价"采用开放式实施机制，学校提出基本的考评框架，中学部、小学部自主研制或修订量表，年级组、教研组及教师均可参与完善考评量表的各项讨论及整个评价的过程，将集中式形成性评价与开放式形成性评价相结合，注重动态评价，整个考评过程始终强调交流和研讨，并关注不同学科、不同年段的教师个体的差异性。

3. 如何评——采用"简便易行、融入日常"的评价方式

"发展性教师评价"必须坚持"用评价促进教师发展"的目的，最终是为了教师发展，这是评价永远不变的目的。一般来说，对教师的全方位反馈评价包含学校领导、学科同行、学生和被评价者自身等主体，因此，教师的心理接纳及积极参与的态度，是做好"发展性教师评价"的前提和基础。

北外附校"基于校本的教师发展性评价"采用"简便易行、融入日常"的评价模式，"将教师评价理解为一种连续的、系统的过程，用评价促进教师个体的专业能力的发展成为日常工作的一部分；把交流、协商、研讨贯穿于评价的全过程，在评价中倾听教师的声音，与教师进行充分的沟通并促进教师的参与，教师与领导一起制订评价计划，搜集评价信息，讨论评价结果，在平等互动中获得自我反省和自我成长的机会"。

为此，北外附校研制并实施《教师专业能力与课堂教学行为日常考评办法》，每学期对教师进行教学清晰性考评、课堂教学基本能力考评、期中教师自评、学生满意度调查、期终教师考评等"5次考评"。"日常考评办法"关注"客观描述、价值判断、增值探索"这三个重要环节，通过对教师个体日常教育教学活动的收集整理，了解教师职业发展的各种信息，结合教师个体职业发展计划，评价教师职业发展的优势和特长，旨在鼓励和促进教师的职业发展，结合教师职业发展的特点给予恰当的指导和帮助，有针对性地通过全校培训、课例研究、个别指导等方式改变教师教育教学行为，提高教师的教育教学技能，完善教师的职业素养，促进教师的职业发展。

（1）教学清晰性考评。

第一，理论依据。根据舍曼等专家的研究，高效教学应该具备五个特征——清晰、热情、备课、激励和求知欲，其中清晰性是教师有效教学行为

的基本条件。研究表明，教师教学清晰性与学生成绩存在高度相关。教师教学清晰性包含内容和表达两个维度，其中内容维度的清晰性对学生学习成绩影响大，是影响教师教学清晰性的主要原因。

第二，考评因子。从内容维度看可以分为以下几项：老师的教学目标是否明确，老师上课语言是否精炼，老师能否恰当地选择和运用例子来解释说明，老师能否清楚地讲解概念、字词含义，老师的授课是否清晰明白、通俗易懂，老师上课能否激发"我"的兴趣，老师对同学提出的问题能否解释清楚，老师讲课过程中是否会适时进行小结；从表达维度看可以分为下几项：老师表达得是否清楚，老师的普通话是否影响"我"的听课，老师讲课过程中是否经常出现口误，老师上课语速是否过快或过慢，语言是否有感染力等等。

第三，评价主体和方式。学生作为评价主体，采用问卷调查方式。对于小学低年级，可以换成便于小朋友理解的话语，请家长代为答卷。

第四，量表的制定。由工作小组办公室（评价室）会同各学部制定，各测评因子赋分要侧重内容维度（随着年级的上升，内容维度的分值要增加），并根据得分确定教师教学属于清晰性好、清晰性较好、清晰性一般或清晰性差中的哪个等级。

（2）课堂教学基本能力考评。

第一，理论依据。教师课堂教学能力是否达到要求，主要体现在以下几个方面：一是对学生发展的帮助效果，二是教学知识的实际水平，三是教学调控能力，四是教学方法的启发性，五是教学信息传输的有效性，六是教学交往的成效。据此研制相应的量表并落实评价主体等事宜。

第二，考评标准。考评的主要内容标准如下：

学生观。正确地对待学生，坚信学生是学习的主体，始终关注学生的学习情绪，适时根据学生的学习反应调整教学行为。课堂始终体现学生的主体性，师生处于平等状态，共同讨论并解决问题，关心和尊重所有学生，及时鼓励、认可学生的进步，引导学生始终处于自觉追求解决问题的快乐中。

师生沟通交流能力。师生配合默契，学生学习积极性高，不管学生回答问题是否正确、完整，教师的反应不是抱怨、批评，而是肯定、鼓励，从积极的角度告诉学生应该怎样做，善于将学生引向了解问题所涉及的知识内容本身以及思维过程，围绕实质性内容展开交流。提问讲究艺术性，善于给学生在新旧知识之间搭建桥梁，帮助学生在新旧知识之间建立起实质性联系，以旧知识作为理解新知识的一个前提，使学生的认知结构获得重构。

教学基本功和教学方法。课堂教学目的清晰，根据教学目的有计划地安排具体教学措施和行为活动。熟知教学内容的实际难度，讲解有条理且清楚，生动地展示知识和技能，问题分析层次分明，注重知识建构过程。善于应用信息技术手段，激发学生的学习热情，善于运用高水平的提问技巧引发学生的深层次思考，有效运用课堂讨论引导学生进行自觉探究。有适合教师自身和学生实际的成熟的教学模式。

课堂行为管理能力。有效的课堂管理行为建立了课堂常规，学生行为有章可循。教师对学生的课堂即时违规行为处理及时并讲求策略，能敏锐、快速地捕捉各种信息，组织应变能力强。学生对教师的课堂要求积极响应，对教师指出的应掌握部分的内容引起注意的程度高，课堂活跃并有规矩。

缜密的计划与反思。教师应形成"计划—行动—反思"的工作系统，将备课—课堂双边活动设计与开展—课后反思贯穿于整个教学活动，始终以学生进步为着眼点，把重点放在学生方面，并以学生的进步情况来调整计划和课堂行为。教师熟练掌握认知加工技能，有扎实的学科知识和课堂教学知识，有良好的课后反思习惯，善于通过教学反思改进和提高自身的教学能力。

根据学部、年级及学科不同，特别是针对艺术及英语等课程，应当对上述因子作适当调整。

第三，评价主体和方式。学部领导、年级组长、教研组长、备课组长作为评价主体，以课堂观察为主要方式，辅以查阅教案、课后交流等方式。

第四，量表的制定。由工作小组办公室（评价室）会同各学部制定，各测评因子赋分要侧重课堂观察部分，重在检查教师的课堂教学基本能力而不完全等同于教学评比。根据得分确定教师教学基本功属于优秀、达标、需要改进或不达标中的哪个等级。

（3）期中教师自评。

第一，理论依据。教师评价要遵循"公平"原则，兼顾到教师的个体差异，有效控制各种偏见，能为被评价教师接受和信任，这就需要让教师个体在法定的权责范围内自己参与评价过程。教师自评能对教师实际教学绩效和专业发展、期许的教师角色以及教师读懂学校领导、家长、学生对教学效果的看法等，发挥正面引导作用，产生强有力的正面影响。

第二，考评标准。具体内容如下：

标准1：教育理念。树立教育要面向全体学生，使全体学生在原有基础上都有进步，把学生培养成为"执着地追求理想，踏实地吸收科学文化知识，成为有着高素质的社会公民"的理念。

标准2：师德品质。以做"四有教师"（有理想信念，有道德情操，有扎实学识，有仁爱之心）为目标，对学生及其学业尽心尽责。

标准3：教学规划。教师依据各类要求，根据自己学生的成绩及其他数据，撰写学情分析及教学计划，建立比较系统的资源库，并能据学生实际情况自如调整教学进度和课堂实施策略。

标准4：教学活动。教师精心设计教学活动，采用合作学习、发现学习等多种教学方法，整合多样化的教学手段，充分激发学生的兴趣，促进学生主动学习。

标准5：学习环境。教师努力营造以学生为中心的规范有序、适合学生发挥主观能动性的学习环境。

标准6：交流互动。教师能够同学生、同事、家长、专家有效地交流。

标准7：学业评价。教师能熟练分析评价数据，确定学生的进步幅度，适时调整个别辅导计划和教学进度。

标准8：专业发展。教师在独立进行教材分析的基础上，能对章节重难点和知识的前后联系进行有效分析，教材和课堂把控能力强，并能积极主动参与教育科研，努力提升自己在学科教师中的影响力。

标准9：学生成绩。教师能对学生成绩进行有效的数据分析，并能根据数据分析结果反思自己的教学，对每个学生有具体的指导方案，使学生成绩在原有基础上有较大的提高。

标准10：学科拓展与培训提高。教师需要积极参与教科研活动以及参与学生活动的组织，并树立终身学习的观念，参加校本培训及其他促进自身发展的学习培训。

第三，量表的制定。由工作小组办公室（评价室）会同各学部制定。根据得分确定教师个体的表现属于优秀、达标、需要改进或不达标中的哪个等级。

第四，评价主体和方式。评价主体为教师个人。自评属于优秀的条目，教师自己必须提供相应的佐证材料。在自评基础上，进行年级、教研组交流，由教师本人向同行交流，剖析自己的优势和劣势及今后专业提升需要努力的方向。

（4）学生满意度调查。

第一，理论依据。学生和教师的关系，可以说既是合作者又是矛盾体。因为与教师朝夕相处，教师日常工作态度的好坏，教育教学水平的高低，对学生的关心与爱护程度，学生一定会有自己的评判。而能得到学生的认同也是一名教师的永恒追求。在教学进行一个阶段后，学校组织学生对本班教师进行满意度调查，是以生为本，尊重学生的体现。学生的评价能使教师真正了解自己在学生心中的形象，了解学生对教师的各方面要求，促使教师对自己的教育教学进行深刻的反思，从而促进自己的专业成长。

第二，考评标准。应调查教师的教学情感、教学态度、教学方法的选择、教学手段的应用、教学秩序的调控以及教学语言的运用等方面，及时反馈给相关教师，以便教师及时进行行动改进。

第三，调查问卷的制定。由工作小组办公室（评价室）会同各学部制定。根据调查结果确定学生对教师个体的满意度属于非常满意、满意、一般或不满意中的哪个等级。

第四，评价主体和方式。评价主体为学生。每学期期中考试后第3～4周各学部根据实际情况组织学生填写问卷调查表。

（5）期终教师考评。

期终教师考评，依据教育部颁布的《小学教师专业标准（试行）》和《中学教师专业标准（试行）》，以专业理念与师德、专业知识、专业能力三个维度以及 13 个领域、60 条要求为基准，结合教师的工作业绩，对教师进行全面考评。

经过近多年的实践，北外附校"基于校本的发展性教师评价"成了学校管理的主要内容之一。学校教师评价课题组研制了涉及小学、初中、高中各学科教师的"5 次考评"的评价手册和操作方案，考核数据的处理、结果的分析及最终数据库汇编全部采用计算机辅助模式，教师评价及结果分析与校本化教师培训、学校改进行动、学校品质提升等工作全面连动，形成了一套较为完整的工作系统，有效地促进了学校各项事业的全面发展。

第五辑
管理学校的智慧和策略

——

学校管理者要做一件重要的事,
就是选择和确立学校发展的价值取向。

选择和确立基于学校现状的发展价值取向

——

学校管理者需要做的一件重要的事,就是选择和确立学校发展的价值取向。

取向有两个意思,一是"定位",二是"方向"。我刚从杭外到北外附校工作时,就着手研究这所学校的定位和方向,虽然每一所学校都有自己的特色、传统或行事的风格,但是在发展过程中,为了适应教育发展形势、学校现状以及社会政治经济的变化,学校需要不断修正和调整定位,然后选择学校的发展方向并不断提升自身的核心竞争力,使全校上下能够在学校发展的价值取向上达成共识。

北外附校的共同价值观是"确保每一个学生成功",学校发展的现实定位是"共同课程为前提,复语课程为特色",也就是说,学生在完成规定学业课程之外,另外学习一门外语。基于这一办学特色的定位和价值追求,给北外附校近几年的发展带来了成功的喜悦。

一所学校有怎样的定位和发展取向,首先要基于教育的本质。真正的学校领导工作的起点,是内部的核心责任,而不是外部的管理文件。"为了孩子的生命成长"是学校的核心责任;教育工作的激情来自对孩子的爱,"一个没有爱的世界,就是死了的世界";"爱生学校项目"建设、打造"与学生友善的学校环境";"把学生放在正中央";"学生在我心中"……

这些理念都表达了学校教育应当坚守的核心价值。一所学校如果关注孩子生命成长的道德目标十分明确，学校关于学科、课程、人的发展、培养目标等的教育治理行动就不会停滞；一个教师如果"爱孩子"的目标非常明确，自然会努力提高自身的教育实力，对自身的专业发展、职业发展甚至整个职业生命也会作出认真的规划。

选择学校教育的方向和定位，还意味着要放弃一些东西。学校领导要懂得"通过在外面转悠来管理"，也就是说要与更大的外部环境联系，"为了开阔眼界，怀疑已经形成的信念以便有组织地放弃，最好是面对多样性的挑战"。"有组织地放弃"这话讲得很精辟，坚持固然是一种好的领导品质，但放弃也是一种高明的领导智慧。放弃当然不是简单地、随意地放弃，而是通过策略性的事先设计，有计划、有组织地放弃。选择价值时需要勇气，不能因为放弃一些东西而忘却了教育必需的基本坚守和本质坚持，切忌因为"跟风"而随意变换热点。学校教育的价值取向经过不断选择和优化，塑造出自己的风格，这种风格的核心部分将不会因学校领导的变更、环境的变化而发生突变。

确立学校发展的价值取向，应当持有一种整体的、全面的观点。有些刚从教师职位提拔上来的管理干部，常常不擅长从不同的角度去思考学校的事务，很难超越自己的成见和自以为是。学校干部要经过长时间的磨炼之后，领导和管理学校的思想才会逐步地变得更为圆融。学校教育更需要有稳定的思想观念，校长应当像孔子所说的那样以"吾道一以贯之"的原则，提出切合学校实际并符合学生成长规律的一套系统的、整体的关于学校教育和学校发展的价值观，并从各方面来加以检验，这样才能避免简单固执、钻牛角尖等偏激的事的发生。同时，要防范由于没有稳定的价值取向而出现"天天有新想法，日日有新思路"的行为混乱。

基于学校现状的价值取向的确立，有利于学校领导者练就善于反思和总结的习惯。有些领导只追求认真和做事完美，一见到不如意的人和事，凭感觉立即反应并采取措施，而且这些反应没有连贯性和一致性，让下属摸不着头脑，不知道"这家伙到底想干吗"，只知道他的臭脾气像发霉的空气一样让人难受，谁都想绕道而行。领导者除了思考学校管理过程中涌现的各种显性问题还要挖掘学校隐藏的潜在的问题，除了分析问题的表象还要剖析问题的原因。选择和确立基于学校现状的价值取向，是对学校领导关于教育的整体观点以及是否具备反思和总结能力的一种考量。

办好学校需要某种"简单的坚持"

每次路过杭州环城北路某家酒店,总会远远地看到"老方一帖"的招牌,经了解才知道这是一家酒家,其招牌的意思是它的菜肴做法非常保守,崇尚传统和经典的做法,据说生意十分火爆。

教育也需要有"老方一帖"的意识,很多正确的、应当坚持的教育观念,早在两千多年前孔子就已提出,我们如果能把中小学教育中最根本的传统的事做好、做扎实,中小学校可能会走得更加稳健。

把学校打造得富丽堂皇不是校长的最终归宿,隐含在校园内的那些灵魂的东西和走出校园的全体毕业生的内在气质,才是校长坚守教育本质的价值体现。教育理念不是挂在墙上供领导孤芳自赏的材料,而是为了更好地指导教师的教育实践。教育实践太过复杂,狄更斯说"这是最好的时代,也是最坏的时代",这是教育繁荣的时代,也是教育实践最危险的时代。

教育行政部门坚持要教师即刻采纳多由官方的万能机器最近编制的"解决方案",例如上课要让学生多活动、多研讨,学校必须在下午3点放学……家长要教师像孔子那样懂得因材施教,像培训机构一对一辅导那样提供学业服务、保证持续不断地提高考分,又要像西方教育那样有一些开放型的问题、让孩子更有创造性、保证孩子有更好的更全面的素质。

教育学者如果像科学家指挥技术人员一样指挥承担具体工作的教师,

官员如果像推进某项社会管理一样强调教师应该如何如何，一线教师能信服吗？教育学者不能像从事基础科学研究的科学家那样，通过基础知识的技术化来影响社会，因为基础科学研究和应用研究是源与流的关系，而在教育研究中，这种关系似乎并不明显；学校的学术管理也不能像行政管理那样，只在乎正确决策和强调执行力，还要关注崇尚真理、强调学术民主、注重教育教学方法多元化以及达成共识等方面对于专业团队发展的重要作用。

教育理论无法通过转换而直接变成可以指导教师教学实践的技术，技术和理论对接的"中间地带"本身就是一门深奥的学问。从教育理念到教育教学行动，其中的技术转换没有直接的对应关系，研发出一句十分时髦的口号并不难，而将一件最朴素的教育常识长期坚持地执行到位，并不是一件容易的事。

展示教育目的的学校书架上摆满了书籍，这些书籍提供了大量可以达成目标的路径，那些不够坚定的目的最多只能带来混乱，令已经超负荷的教师士气更加低迷。

一线教师如果都像专家那样去研究远离教育现实的问题，就走上一条缘木求鱼之路，因为对于广大教师来说，教育现实是必须面对的问题，问题的提出、理念的建构、策略的形成，都应当围绕实践而展开。一个教育理念能否落户中小学校，主要取决于它的"有用性"，当然包括对于学校未来发展和服务于社会的"有用性"，"无用之大用"的教育观点也会得到有眼光的学校领导、教师的认可和接受。

细心地琢磨那些最新的话语体系，不难发现好多新话语的实质内容"只不过是用专业术语包装起来的教育常识"，如果你懂得学校之外的那些事，你会知道为什么有那么多的创新：召开一场教育学术研讨活动，没有创新就失去了表达或发表的价值；离开了变革，教育行政部门或官员在政绩表现上有着明显的缺陷；教育学者的创新，有时是为了让人感觉作为学者的学术高度……那些脱离现实的创新，只不过是作为学校教育研究活动的噱头，"闲逸的好奇"之下能有多少对于改进实践的有益触动，对第一线问题最了解的学校领导者和有经验的教师其实"心知肚明",于是,只能以冷漠的眼光,看着"先行者"虚假的表演。

办学校是一项复杂的教育实践,需要某种"简单的坚持"。教育工作者应当有遵守常识的淡定,而不只是追寻那些吸引眼球的所谓"创新的奇迹"。

教育的关键不在于口号翻新

——

当年我担任浙江省教研室副主任时,经常进入中小学校,从学校门口就会看到一些关于学校宗旨的陈述,例如一流、著名、优质、当地第一……使用的都是最高级或绝对肯定的语气,以政治上的口号或作为管理者工具的那种"大一统"的方式陈述学校的宗旨,由于这些宗旨远离了教育的核心价值,给人的感觉就像饿着肚子在吃棉花糖——好吃而不能果腹。

之后的15年,我从杭州到北京一直在担任校长,也时常到中小学参观学习,看到更多"最新款的、改良过的"并能够显现学校教育特征的新话语,虽然读起来非常新鲜,仔细品味其实质十分相似,总是"基于学生生命成长、全面发展"之类的话语。校长如果只从理念层面洋洋洒洒地高喊宏伟的口号,教师不假思索地跟着呼喊,其结果是"理念变化得越多、原样保持得越多",理念之后涌现的却不过是教育的泡沫。

一个高效能的学校应当向前走一步,不流于"学生,我们的希望"这一类非常相似的陈述或者其他更加新鲜的表达,而把重点放在关键的问题——怎样使希望变成现实上。如果没有具体的行动,再多的教育理念对于促进学生的发展,都是无济于事的,只是比拼理念的华丽而没有在行动落实上研制翔实的措施,理念也不会得到教师的响应和共鸣,从而很快被遗忘。

学校每学期的计划如果离开了干些什么、改变些什么,只是谈那些不断翻新的新理念，就等于没有计划；发现、研究和解决学校发展过程中的问题，对问题采取相应的行动，计划才会显得重要。学校的计划包括教研组、年级组及各个部门的计划，更需要这些细节：我们想做什么，我们如何知道正在取得成功，我们需要做些什么以确保成功。绝大多数教师有这样的质地：很重视做些有意义的工作，愿意真正地为学生服务，善意地对待同事、家长和其他人，在工作方式上坚持正直。教师从事的是一种最"合乎自然规律"的具有目标和远见的职业，做有意义的事比呼喊好听的口号，对教师更有吸引力。

将最新出炉的理念打印出来贴在教师办公室最醒目的地方，或者悬挂在学校最引人注目的地方，并不能改善你的学校。教育不在于坐而论道，而在于具体行动，我们需要研究正确理念之下的所有细节以避免理念只是"贴在墙上用于唬人的东西"，并帮助教师掌握"为学生寻找成功策略的全部本领"，这需要具体的行动和过程。正是行动和过程，促进了学校的改善和校园文化的转变。

不去做些什么，再好的口号也是没有用的。

最有智慧的战略决策

战略是最好的统筹策略，离开了战略思维，人们的眼光将变得短浅，局部利益有可能会影响整体发展的大格局。战略是学校与环境包括内部环境、外部环境之间的协调力量，学校发展战略的形成牵涉到对环境状况的阐释及制定内在统一的组织决策流，以应对相关的情况。北外附校提出"复语"特色发展的战略，就是应对当时办学环境的一种决策，事实证明是明智的。

根据办学形势的变化，学校战略管理高层还要根据实力和需要对战略作相应的调整，并维持一个适当的变革节奏，既能在学校改进行动中不断完善又不会造成太大的动荡。

当年，我刚从浙江省教育厅教研室副主任提拔为杭外领导时，杭外是一所只有18个班级的小学校，直接隶属于省教育厅管理。当时计划搬迁新校，面积扩大到400多亩地。省教育厅厅长、副厅长找我谈话时，都向我提出"学校规模扩大，但质量必须更好"的要求。

于是，我需要找到一个战略，其实就是要对如何开展竞争作出清晰的选择，不管学校面积有多大，校舍有多漂亮，经费有多充裕，学校教育总是满足不了所有人的要求，况且还有各种干扰的因素，在学校规模迅速扩大的特别时期，发展战略的重要性可想而知。虽然战略决策本质上是抽象的、复杂的，但是"当你屏蔽掉所有的噪音之后，事情将变得异常简单"。在现实生活中，战略其实是非常直截了当的，你选准一个努力的方向，然后不顾一切地实现它就可以了。但是，如何在面对各种竞争时选择学校教育的优先事项和发展方向，面对现实和将来对学校作出正确的定位，这可不是一件容易的事。

只有知道该做的是什么，才能决定如何去做。

首先要调整招生机制。虽然杭外是全省唯一一所省教育厅直接管理的中学，但其属地在杭州，自然要向杭州市招生；规模迅速扩大的杭外如果只在杭州市招生，只能是服从杭州市的政策以"随机摇号的方式"招生。稍有学校管理常识的人都知道，没有特别的招生政策的支持，"规模扩大、质量更好"这样的奇迹是不会发生的。因此，规模扩大后的杭外只有选择面向全省招生。为此，我一个县一个县去跑，游说教育行政部门支持杭外招生，虽然很辛苦，但最终全面构建了杭外面向全省招生的机制。

其次要调整内涵发展的战略思路。小规模时代的杭外，其战略口号的核心内容是"外语教育的优质学校，培养外交家的摇篮"，每届只有100余人的毕业生，加上直升大学非通用语种专业的保送生政策，用外语优势作为战略发展的核心，没有什么不妥。但是，变成一所4000人的大规模学校之后，如果继续用"外交家之摇篮"作为办学战略，显然不再适宜。审时度势，杭外的培养目标调整为"外语特长、文理兼优、综合素质全面"，把内涵发展的着眼点放在"共同学业基础为前提、外语特长为辅助"，新杭外在人文教育、文学写作、理科教育等方面所取得的业绩，是与当年这样的战略调整分不开的。

再次要建立多元升学渠道。美国通用电气公司CEO韦尔奇说"拥有了清晰的发展方向，便拥有了战略"，一所超大规模的特色学校，只靠传统的高考升学是难以在竞争中获胜的，况且杭外原有的教育教学风格，确实没有高考的优势，因此，"寻找超越高考的多元升学途径"是当时的战略选择。先后成功地创办了"浙江大学非通用语种专业直升班"、日本立命馆大学直升班、"剑桥国际高中"等，开辟了多项国内外升学直通车，加上大学非通用语种专业的提前招生，最后参加高考的学生几乎只有毕业生总数的1/3，而且高考成绩也不错，出了多个"高考状元"并保持一本率在95%以上。

战略调整的成功，终于使杭外实现了省教育厅领导提出的"规模扩大、质量更好"的工作目标。

除了正确的选择，战略的智慧还在于"懂得舍弃"。基于特殊的优惠政策之上的办学是不靠谱的，除非校长有特别的政治敏锐性并能够长期地得到"不断变换的上层领导"的赏识，或者拥有"永远懂你"的上级领导来为校长承担压力使其安心办学。只是依赖特殊的优惠政策并能获得过量的资源的学校，必须有这样的远视：逐步地放弃这些"特殊化的元素"而使办学走向常态，毕竟，社会最终会趋向更加公平。

如果学校发展的战略思维中长期存在"不懂得舍弃"的僵化思维，或者说没有修炼成熟"懂得舍弃的智慧"，最终很可能会因为上级领导的变更、政策的变化、社会的变革而走向"不可掌控的混乱状态"。

别将"以人为本"教条化

教育的一切知识包括实践性知识都是关于人的学问,涉及人的话题一向冷峻深刻,教师除了直觉上的关于人本精神的点滴认同外,对于所教学科与人的发展的相关性,常常摸不着头脑。而且,"关于人的知识"本身也是散乱的、不成系统的。到底怎样做才算是符合"以人为本"的要求呢?这其实是让教师听不懂也道不明的事,教师只是出于回应专家或上级的号召,竭尽全力地"摸着石子过河"。

专家要求教师要做到"目中有人",即使是最负责的教师,能够做到的也只能是按照客观上的、事实上的人去看人,的确很难做到按照人应该有的样子去看人。当教师很努力地按照教育专家讲的那个样子去关注"人"的时候,结果却会发现:孩子的精神面貌已经发生了"基因突变",相当多的孩子包括刚入学的"毛孩子",成了利益的人甚至是欲望的人,社会氛围和家庭教育强化了这些欲望。

对"以人为本"教条化的误读,会导致学校教育对个别孩子言行的随意和放纵,忘却了应该拥有的"对于孩子欲望和自私自利的控制"这一底线,包括作为学校教育应当拥有的"必要的严厉管教"。

或许真的存在这样的情况:"孩子本能地具有破坏欲"。破坏环境、伤害同学和集体的事,时不时地会在孩子身上发生,"做坏事的那种痛快淋漓"的感觉会让人成瘾，如果不加以控制和制止，将会滋生出"找机会使坏"的行为习惯。

我曾经有过这样的经历：有一天多位家长来学校，投诉A孩子总是以破坏的方式干预其他同学的正常学习和学校生活。我从与该班班主任的谈话及其他相关案例中发现，道德教化和制度规范的教导，无法做到完全地约束一些孩子的破坏欲，于是，班主任只有诉诸强制和约束，偶尔的某个时刻会突然出现最危险的结果，教师在他认为必要时对孩子使用了"暴力"。也就是这位负责任的班主任，实在是忍不住了，当着全班学生的面较长时间地批评了A孩子，于是，A孩子的家长就找上门来，要求学校必须调离这位班主任，为此学校花费了很大的精力，动用了各种力量，最后终于平息了事态。此时，这一群家长来校投诉的，又是A孩子。

此外，利益甚至自私自利的欲望，过早地种入了孩子的心田。基于现实之下的中小学教育，几乎不存在没有欲望的学生，也没有某一种欲望不是指向利己的。如果真的出现了这样的学校——坚守纯粹的教育哲学、经常地给学生"欲望十分有害"的忠告，其教育内容和方法的设计反而会显得苍白和不合时宜，家长也会对此表示反对。上世纪80年代发生的关于教育的那些怪异现象，例如在教室黑板两端挂上"皮鞋和草鞋"的方式来激发欲望，其原因在于学校教育、家庭教育之道变成了引导欲望之术，而不是对知识、能力、道德和精神修炼等内在价值的追寻。

逐渐地，学校或教师找到了另类的教育策略：让欲望之间相互对抗来弱化和驯服欲望。例如，劝说轻佻的女孩子，可以利用她的虚荣心，让她明白端庄稳重是爱情和优雅享乐的来源；教师向学生灌输约束某种欲望比放纵某种欲望更有利于得到长远的利益；与更多的同学友好相处比长期处于孤独常态，能够在今后的人脉关系方面带来更多的财富……一些成功教育案例的背后，通常的策略是"用利益语言来代替欲望有害的说教"，学校教育逐渐远离了对于高贵品质的崇尚。

对"人本精神"的追求，被演化成如何让本校的孩子享受更加优厚的"好生活"，包括奢靡的课程、豪华的生活设施以及围绕孩子的各种精致的

"保姆式的服务"。于是，高举着"以人为本"的旗帜，去做那些学校教育的"纵欲行为"：学校规模越来越大，资源越占越多，谁也没有去想着"自己活得简单些，让别人活得更好"；校长再也没有时间去研究"认认真真上课，认认真真与学生谈心，认认真真地与学生一起阅读"那些纯粹的事，而是寻找更多的人脉关系并获得更多的资源。正是那些获得精彩利益的狂热事件，汇聚了一个又一个"教育的神话"；而那些真实的"以人为本"的好老师、好校长、好学校，却在平凡中被人遗忘。

要有勇气坚守教育本质

——

校长的职业责任是坚守教育本质、保证教育教学等核心事务的健康发展；校长的职务安全是希望所做的工作符合上级的要求并能得到肯定。当在某一个时刻，来自教育本质的良知与来自上级的要求发生冲突时，校长如果能够坚定地"按照教育的本质行事"，这是需要力量和勇气的。

我刚担任杭外校长时，学校规模迅速地扩大，从只有18个班、700多位学生、占地40多亩，扩张至90多个班级、近4000位学生、占地400多亩，并按照省教育厅的要求展开了"国有民办"机制的办学实践，校长的大量精力放在机制建构和结构重组这一变革的现实中。想要确保学校在这一突变的过程中其教育教学的核心事务不偏离"教育的本质"，是相当困难的，好在，这所学校在变迁中还是取得了巨大的成功。后来，省教育厅出台了新的政策，要求杭外从"国有民办"机制回归到公办机制，办学规模包括班级数、学生数及占地面积缩小一半，学校再次迁址，于是建立了"以公办学校为主体，以托管的民办学校和国际项目为两翼"的办学新格局，再次实施战略大转移，校长想集中精力做好"教育的本质事务"，又变得十分困难。这之后，我调离了杭外来到了北京。

我任职的北外附校，是北京外国语大学举办的民办学校，在大学组织内部属于后勤产业，也就是说北外附校校长回应北京外国语大学的主要任务是

"在完成核心责任的前提下,要完成大学交付的创收任务",每年工作汇报的首项指标是为北京外国语大学上交经费多少万,比上一年增长了多少。显然,北外附校的"边界事务"与"坚守教育本质的核心事务"处在事实上的背离状态,这对于北外附校校长来讲,其实是一种挑战。

衡量一个办学者的终极因素,不是他踌躇满志时的表现,而是面临挑战时的立场。这种立场不在于献媚于上级而是宣誓于学生的未来。这需要勇气!勇气是先天的美德,但也可以在后天培养,办学者的勇敢精神源自那些可爱的孩子,源自对于孩子生命成长的职业责任。为了儿童、为了年轻人作出牺牲或直面恐惧,以一种坚定的理想为他们服务,这不只是个人的冒险,还是一个长期从事基础教育办学者的职业习惯。作为校长,必须遵循"一切为了学生的生命成长"这样的价值观、信念和行动宗旨,即使因此受到一些委屈都是过眼烟云,也不要太在乎上级领导是否称赞你。我所熟悉的那些富有强大职业责任感的校长,是我永远的榜样。

任何关于学校教育应当坚守教育本质的要求,必须密切关注它们是否点燃了校长和教师的激情、指明了目的、激发了活力,做不到这些,学校教育由于受到某种现实的逼迫,包括屈从上级领导的要求、无原则地满足家长的诉求、没有守住对学生应当有的基本的严格底线等等,将经常性地发生,于是,学校教育失去了坚守教育本质的勇气,失去了针对学校内存在的"反教育现象"开展强有力的变革行动的激情。"坚守教育本质的勇气",需要有来自学校自身的不屈不挠的精神。

失败不是学校教育的选择,无论是公办学校抑或民办学校,学校教育面临很多的威胁,其中,坏政策对教育的伤害是最难补救的。我深深感到,自己作为一个专业的校长,有能力补救学校内部出现的很多问题,但是确实无力去救赎不良政策下的办学行为,有时甚至可能连自己的政治生命和生存底线也要搭进去。

失败也不是学生的选择,但是学生有可能失败,事实上有太多的学生已经失败了。我每天看着天真烂漫的孩子进入校园,多么希望学校教育不要导致孩子最终的失败,因此,学校必须教会"学生生存",管理学校的很多事就是为了学生更好地生存。相比其他工作，没有一项比能够掌握孩子的命运更有魅力。对年轻人获得成功的深切关注，是教育工作者付出各种辛苦的价值所在。

"教育拒绝失败"需要从"坚守教育本质"做起，从校长自身坚持做好学校教育中那些纯粹的事做起，时刻关注作为教育的"道德目标"和基于教育本质的"良知"，认真地讨论和研究学科、课程、人的发展、人才目标等核心事务，防范出现因为"对教育本质的不够敬畏"而伤及教育的长远。从这一点讲，勇气确实是所有美德的根本，没有了这种坚守的勇气而只会献媚于权威，校长和教师就无法形成学校教育应有的品格。

温和而优雅的学校管理

不知何时起,中小学教育远离了朴素,忘却了本应坚守的学校生活的简约以及作为知识分子的教师的纯粹,忘却了作为学校本应有的、与生俱来的平和、冷静、宁静的风气。暴躁的欲望、奢靡之风成了学校的主流文化并常受到喝彩,追求奢靡、豪华的办学成了常态,校长的能力体现在如何公关并争取特别的政策上。越是优势资源多得"冒油"的学校越能获得更多的资源,某些成功地推行所谓"抢光优秀生源、挖光优秀教师、占光优势政策"的"三光行动"的校长,自然地成为办学业绩优秀的校长,忘记了"自己活,也要让别人活"这一底线,更谈不上自觉地用印度圣雄甘地所说的"生活简单,别人就能活命"来取代自由主义和自私自利。

"贪婪和野心以把人类从地球上毁灭的大恶,引导出了公民的幸福",欲望成了触动人们生活激情的有力武器,致力于追求私利的欲望被转化为公共秩序,形成了某种热血沸腾状态。原本办学校所崇尚的教育追求,变成攫取欲和与之相关的竞争活动,从而使本来信仰就不足的中小学教育更找不到信仰的方向,而且还演变出对教育良好传统和优秀文化的否定,导致了中小学教育、家庭教育变成了某种奇怪的样子。

在这样的背景下,圣洁的学校文化被浮躁所替代,对物质功利的追逐主宰了学校课程、教育、教学、管理等一切层面。校长和教师作为知识分子那种有学问的荣耀、文质彬彬的清高、喜欢生活宁静的特别气质被抛弃，教师从拥有阅读、思考、精神修炼等高贵品质转而进入只会逼迫学生迅速进入技术训练状态。

面对普遍的狂躁，以及客观上无法避免的人们普遍地对欲望的追求，学校管理者如果只是希望从纯粹的理想和事业的角度出发来寻求教育工作的完美，并以此严格地要求教职工，结局肯定是失败的；但是，认同利益至上，任凭坏的利益、野蛮的欲望在学校泛滥成灾，这样的管理，可想而知也会导致失败。因此，管理学校需要找到一种温和而优雅的办法，使教师对于利益的追逐以及学校的生活变得温和得体。

教师利益的核心应当是教师自身的专业发展，只要教师对自身专业荣誉的追求是适度的、合理的，学校管理者应当将此作为内部治理能力的良性手段，激发教师去追逐专业荣誉的热情。

教师都坚定地追求专业发展的利益，会增大相互得益的可能性，优秀教师的专业发展诉求，映射出追随这位教师的其他人的利益，也反衬出学校和学生的利益。某个教师追逐个人专业发展的利益对别的教师也有好处，而且他的行动过程将因为利益的显现而变得透明和可以预见，这使学校管理者在政治学上对各种事件的把控，先于经济学上的教条更早地介入。

管理一所学校，利益显现的事并不可怕，越是聪明人越好治理，受利益支配的世界更容易统治。但是，学校必须阻隔商业思维过多地侵入，有效地控制利益不要使其成为欲望，防范将学校搞成了物欲之所。

校长要有一颗坚强的心脏

领导学校，实现学生的健康成长，是校长带领全校教职工必须认真做好的工作，学校领导和教师要将大部分时间放在对教育教学业务的考虑上，为此常常忽视了与人的沟通或不屑于与他人的交流，尤其是那些明显浪费时间的交流。

我是从一个学科教学研究人员和教研管理人员转岗做校长的，特别不适应外界对学校带来的影响，因为作为教研员总是习惯于在条理清晰、逻辑分明、问题显现而且能够找到相应的对策、可掌控的教学环境下展开现场教学研究。我之所以在工作中有时会惹上一些麻烦，就是因为自傲地认为应付那些对教育教学规律知之甚少的人以及他们那些不及边际的要求，是一件痛苦的事或根本没有必要去理会的事。

当经历了某些事情之后，我发现，置人于死地的不是来自教育教学本身的事务，而是那些复杂的人际关系。现在我总算明白，如果不调整对于人际关系的那种漠视的态度，即使自己做得再多，注定也是一个失败者，而且所受的委屈也不会博得人们的同情。

与学校发展休戚相关的政治生态总是在跌宕起伏，今天的上级领导是你的强力援助者，明天的上级领导可能会是你所管理的学校继续发展的障碍，校长面对的挑战就是要和变化中的社会和政治生态保持同步，相应地调整学校的战略和自己的态度，特别要避免由于生硬地与现实对抗而导致"触雷"。

美国通用电气公司CEO韦尔奇说："在商业领域中，企业领导者就是飞行员，企业就是飞机。"管理中小学校，校长当然要像飞行员那样"需要良好的视力，还必须环视360度视野，能够提前觉察到地平线上出现的任何事物"。但这还远远不够，因为掌控现实的办学环境和即将发生的客观环境的变化，不是你有教育管理能力就足够了，"调整飞机的高度、修正飞机的航线，甚至连加点油、请求对飞机进行必要的维修"，你都要去求人，求上级、求邻居、求家长甚至求老师，如果你处理人际关系的能力不够强大，飞机仍然是要坠落的。飞机的坠落，不是因为你没有正确判断而是你得不到应有的援助。"失败者被环境所淘汰，而成功者掌控环境"，对于中小学校长来说，失败者常常是被人际关系的软环境所淘汰的。

成功的校长总能保持开放和宽容的心态，在坚守职业底线的前提下，乐于进行协商。尽管家长群体、周边单位代表、权贵人物所提出的要求多么不合理，但在对方的立场上他们认为自己的要求都是合理的和应当的；与他们交流时要认真倾听，光是倾听就可以缓解一些问题；然后，观察并按照完全不同的逻辑和价值体系来看待他们的问题和想要达到的目的；在此基础上设计对策，并展开长时间的协商甚至必要的斗争。面对这些复杂的人际关系，必须有一颗坚强的心脏。

人际关系的复杂还常常来自学校内部。中小学教师的最大特点是"社会性不足"，因为大多数教师是从学校一毕业就直接到另一所学校工作，没有与社会大众充分接触的经历，对"世界有多大"感受不深刻。教师中普遍地存在气量不够大、沟通能力不强、固执己见等性格特点，行为表现上显得过度自尊、过分敏感，遇到一点点问题和危机又显得十分恐惧。因此，学校组织其内部的人际关系有另类的复杂性，不能简单地按"一般性的、社会化的潜规则"分析学校内部的人际关系。

"打造良好的人际关系是组织成功的基础"，领导者的重要职责是创造关系。对战争中勇敢行为的调查表明，将生死置之度外不完全是出于道德目的，而是出于一个更真实的目的——对战友的忠诚，只有当个人、工作、组织之间有一个健康的关系时，才能有效地鼓舞士气。有些学校领导认为，我是办学者、我是管理课程和教育教学事务的、我讨厌这种复杂的人际关系，其实，领导者如果没有一群追随者，没有一支良好人际关系支撑的团队，只有你一个人孤军奋战，即使你有天大的本事，即使你被累死，都无法让学校取得成功。相对于其他组织，学校组织打造良好的人际关系似乎更困难，如果加上学校管理者在处理人际关系上不够机智，令人难堪甚至悲哀的事，几乎每天都会发生。

校长的成熟不只是体现在教育教学的专业能力和专业管理能力上，也体现在善于处理学校内部以及学校外部的各种人际关系上。如果学校中的每一个团队其成员能够成为亲密的伙伴，相互之间能够体谅和支持；如果学校与上级领导、周边社区和兄弟单位以及家长群体形成了良好的关系，并建立了"社会联盟"，即使碰到困难和危机也能共担责任、共同奋斗，这是多么令人鼓舞的事。

学生每日必修的课程：美德养成与精神修炼

1. 美德的养成

善良是美德的核心元素，要让学生模仿善举来学会"善良意味着什么"，帮助学生成为一个善良的人，不仅关涉到理智和道德的发展，也关涉到养成一种讨人喜欢的、有机整合的个性。要培养学生维持关怀关系的能力，明白被关怀的意义，然后教会他们关怀他人。要让学生懂得"珍贵的伙伴或朋友能够帮助自身成为更卓越的人"，掌握一种可靠而又友好的方式，以建立珍贵的同伴关系。

美德并不是机械的概念，看似属于美德的概念其形态其实是复杂的，例如：

"诚实"是一种美德。习惯性撒谎者显然是令人讨厌的人，然而那些不会拐弯、一贯如是的老实人可能很难适应生活，无情的讲真话者让我们感到不安。对大多数人来讲，有吸引力的是：既非撒谎者，也非无情的讲真话者。

"勇敢"是一种美德。勇敢必须与智慧联系起来才行，智慧能够帮助我们区分出勇敢和鲁莽，只有在值得去做的事情上表现勇敢才算是美德。

"毅力"是一种美德。对于毅力来说，预想的计划和一套确定的行动是必不可少的。在每件事上都花同样的力气、尽最大的努力，肯定是一条通向庸才之路。应该明智地选择我们能够做得最好的事，努力再努力才能取得成功。

诚实、勇敢、毅力是美德，但并不是机械标识的美德，没有智慧，甚至会是一种恶行。

除了侧重于社会化和控制的传统美德的灌输，以下的素质与美德密切相关：行为合规、举止得体、文雅等等；人际关系领域是形成美德的一个主要舞台，它以讨人喜欢的品格为基础，诸如礼貌、机智、有教养的生活趣味，以及不紧不慢的宁静、倾听的才能、好客等等；责任是一种回应能力，即一种积极地对他人作出回应的能力，而不仅仅是完成指定的任务，可见责任关涉人际关系，也关乎美德。

美德是一种可拥有之物，它们可以被习得，可以通过积善成德的方式来习得和践行；美德最好要在强健的、快乐的关系中学会，很少有快乐和幸福感的孩子会变得粗暴、残忍。"我相信是道德教育把孩子们教坏了"，尼采这句话说得虽然有点极端，但是，我们应该承认某些形式的道德教育的确把学生教坏了，学校德育工作的失败，常常是在内容设计上出了问题。

2. 精神的修炼

教育学生并不只是鼓励人人都去做强者，而更需要一种积极的关于生活、生命的情绪。积极的情绪是经由与大自然亲密接触产生的，比如阳光下的草原或一处平静湖泊的宁静感、落日的美感、高山的巍峨感，以及对暴风吞噬大海产生的敬畏感。

增强对日常生活的某些独特的意识，将有助于人们充实精神生活，例如：

看日出。思考诗歌和故事中描述的日出，看着太阳升起。

劳动。认真地把家具擦干净，如果不是受时间和其他工作所迫，那么，用欣赏的眼光看着被擦得发光的家具时，自己的精神也会闪烁光芒。

园子。园子不仅是人们退隐的地方，它还召唤我们的家族精神。

门廊。门廊是一个催人醒悟的现世之所。

海边。海让人的所有感官焕发光彩，它的轻快和有活力的运动能激起我们的嬉戏情趣，就像精神在呼唤。

……

学校需要有这样一类与精神相关的设计，从而给学生提供精神修炼的"星星"，慢一点、简单一点、从容一些，有时需要更多的淡定、更多的宁静以引导学生走向更富足的个人生活和更慷慨、更理智的公共生活，使他们的精神在修炼中走向成熟与富足。

遗憾的是，这一切正从学校的生活和课程中剥离。学校关注的只是对专业目标和社交目标的追求，除了知识、能力、学业排位，以及通过优雅的谈吐、举止来赢得朋友、邻居对你的好印象，从而赢得更多的机会等等，其他好像都不是学校教育要特别关注的事。

情感文明与持家能力

——

我常常被邀请参加杭外校友的婚礼,并以师长的身份讲几句话,有一次,我讲了这样一段话:

  今天我是以多重身份参加这次婚礼,因为我与小刘同学的父亲老刘是好朋友,我又是小刘的老师和校长。小刘是 2003 年进入杭外读初一,当时我刚从杭外书记转任校长,我与小刘同学及在座的各位杭外的同学、老师一起见证了杭外从小变大,从单一办学模式变成了拥有杭外本部、剑桥国际高中、英特分校、日本立命馆大学预科班、浙大非通用语种直升项目等多元化办学模式的形成过程以及所取得的优秀业绩。其实杭外的成功不在于争取了多少资金和项目,不在于多么突出地完成了那些关于知识传授和身体锻炼的工作,它的最大成功在于对于教育内质性的那些东西的探索和追求,特别是对于情感文明的重视以及倡导"宽容大气"校风所拓展的一系列工作。这些工作给在座同学打下了一个良好的关于家庭幸福和事业有成的基础,其价值和意义在走向婚姻殿堂的小刘同学身上得到了很好的体现,我相信,小刘同学将由此走向更加富足的家庭生活和个人的精神自由。

我简短的讲话得到了来宾的好评，在场的几位当年很厉害的领导都纷纷给我点赞。

其实，情感文明的话题在新世纪之初就很热门，2004年，时任中央教科所所长朱小蔓教授与苏霍姆林斯基的女儿苏霍姆林斯卡娅进行了一场关于情感教育的对话，苏霍姆林斯卡娅说，"我想用'情感文明'这个词来表达情感教育的宗旨"，朱小蔓说，"情感文明的提法让我对情感教育的价值以及坚持研究情感教育的意义提到一个新的认识境界"。我又在《教育研究》杂志中读到了朱小蔓教授发表的关于"情感文明"的一篇文章，文章中谈到，人的发展包含了自然发展、社会发展和精神发展，科学告诉我们的世界是不完整的，因为它无助于我们内心对自然的感知，学校就是要为每一个孩子的成长创造丰富而良好的情感文化和情感环境，通过对课堂教学、课外活动和学校生活的精心设计，让孩子去接受并体验诸如交往、信念、尊敬、同情、快乐、爱和互助等情绪情感的教育，促进学生形成一种"情感文明"。

搜狐教育频道曾在我参加一次会议的发言之后对我进行了采访，我说了这么一句话："教育并不是苛求人人成为强者，而是要培育关于生活和生命的积极情绪。"人生不如意者十之八九，这是最重要的人生常态，青少年也不能"幸免"，在沮丧时、失败后，如何迅速去除负面情绪？帮扶甚至拯救那些困难者，是教育工作者的良知所在。

国际学术界在研究情感、道德方面有一个重要转向，就是重视人的关系性存在，最有代表性的是美国诺丁斯的关怀理论。我读过诺丁斯的《幸福与教育》一书，书中有一个观点是"幸福离家更近"。家庭生活是幸福的来源，这并不意味着学校必须有一套关于持家的完整、连贯的课程，而是从中发现一些重要的、在许多学校背景中会遇到的话题和问题。

家是四处漂泊者才更懂得的概念，没有了家，一个人不得不去寻找其他手段来满足基本需要，这是学校教育值得研究的话题，某个成员若没有融入集体、团队，孤独将导致身心的残缺，幸福也同样流失。家的稳定性是通过它的拥有者的负责任的行为来维系的，例如有一个存放财物的地方后，紧接着是保存财物而非将它们到处乱扔。因此，集体、团队也同样地需要建立规则,并由各个成员的责任分担来维系。

将班级、宿舍与"家"进行类比,学生就会知道,幸福不是一个人的事。从培养学生持家能力的"准课程"出发,研发相关的教育内容,这对于如何科学有效地设计学生管理的内容和方式、方法,会有很多启发,从中也可以增加许多关于学校生活更加幸福的元素,这很值得学校管理者作出更多的有教育价值的探索。

持家的能力随着社会的进步会发生改变,例如:理智消费、抵制倾销对于今天的持家非常重要;好客不只是指在家接待客人,随着旅行和通信的迅速发展,一种全新的、更深刻的好客形态出现了,好客涉及从内心"接受新观点和感情";持家带来的一种重要快乐就是对美的创造,要让家、房间、角落变得更有吸引力而不只是那种只讲效能的环境。加深和扩展孩子与家庭生活相联系的价值观念,孩子会从中得到教养和道德的训练,这也是学校教育的真实任务。

孩子对社会生活适应的能力是学校教育的重点之一。因此,教育远不只是学科知识能力以及身体锻炼那些事,情感文明、持家能力与幸福人生密切相关,学校领导要有"幸福先于优秀"的教育观。

一个人,如果与幸福有关的情感文明全部流失掉了,即使学业优秀、事业成功,还有什么美好的人生可言呢?

小心，教育创新模式中的"剧场假象"

——

培根指出，"剧场假象"是从各种哲学教条以及从证明法则移植到人心中的假象。在他看来，"一切流行的体系都不过是许多舞台上的戏剧，根据一种不真实的布景方式来表现它们自己所创造的世界罢了"。

我相当长时间从事学科教学研究，曾有一段担任省教研室副主任的经历，每年要参加几十次的省级学科教研活动。各学科每年一次的全省教研活动，必须推出成功的教学模式，为此，需要作大量的准备：一是确认主题的新意和政治价值，这就要领会省教育厅的工作重点和领导的意图，还要贴近教育面临的新形势和新任务；二是要有创新价值，即使是传统的做法也要贴上创新的标签，"新瓶装旧酒"也要将新瓶做得好看些；三是推出的典型人物应当确实地创造了成绩并有较好的效果。

各级各类教学研究成果的展示，创造了很多"剧场效果"。"缤纷活跃的课堂气氛""生命的狂欢""知识的超市"让人感到新奇，孩子们在现场充分地展示了"小手如林""笑语喧哗""摩拳擦掌""活力四射"，似乎他们都沉浸在求知、发现、探索的挑战与快乐中，他们阅读、思考、发表观点、彼此倾听、讨论与对话，激动人心的课堂教学场景，充满了"交响乐团式"的氛围与活力。

作为一个老教师，我深深知道日本学者佐藤学所说的"润泽的教室"的价值，学科课堂需要的并不总是这样热热闹闹的氛围与活力，更需要在宁静的思考和深刻的学习中，让孩子拥有一方静思、精美而不失灵性的生长沃土。教师在课堂中的表现需要更多的淡定、幽默、严谨等学者风范，从内容、动机和互动三个维度精心地设计并展开教学，通过精彩的讲解、合适的引导、有意的停顿、必要的重复和操练等充满智慧的调控，让课堂中的学习真实地发生。

在学科教学研究和活动中，担当主要角色的教研员或教研组长，其主要任务是研究和应用学科教学方法，并将研究的成果进行推广或用于培训教师。教育教学研究必须崇尚教育教学规律、追求学科教学效果，显然，职业的良知和教学研究的天赋，决定了教研员或教研组长并不是要刻意地去制造"剧场假象"，这是在目前的体制之下，乖谬的行事规则成为体制内专业人士的行事方式所导致的。

我由省教研室副主任转任为杭外校长之后，经常参加学科教学研究活动变换为有时参加关于教育理念、教育思想等方面的宣讲和展示活动，如果说前面描述的"剧场假象"是无意为之，后面出现的"剧场假象"很大程度上是有意为之。因为那些成功的强势学校的理念、观点、模式和其他经验，呈现的常常是"体系假象"和"意识的假象"，旨在希望某种教育观念和行为模式能够到达统治的层面，从而获得精神文化的高贵地位。自从我进入了一所没有足够资源的民办学校工作之后，更加明白了一个事实，借助于"剧场假象"，可以让那些薄弱学校的校长接受现存的等级结构，并承认现存的学校排序和自身卑微的地位。

培根认为"一切公认的体系、学说都是人们虚构、编造出来的幻想"，虽然听起来有点极端，仔细品味着实很有道理。我坚信，领导和管理学校应当按照教育的基本范式，在坚持共同的教育信念的前提下，认认真真、踏踏实实地把日常事务管好，这更需要遵守规则、坚守良知，而不是每个校长都刻意地去创造日新月异的教育新观念，也不应当去要求每所学校都不断地建立教育新体系。

没有必要过多地责怪"剧场假象"，因为这不是某个人的过错，需要校长和教师努力修炼那种洞穿"剧场假象"的能力。如果洞穿了这是"剧场假象",只要如看戏一般,目的在于娱乐,即使不知不觉中受到了剧中故事情节的感染,剧中所流露出的感情、思想、价值观念等等被我们所接纳、所汲取,对于现实的生活还是有很多积极的意义。参加经验展示活动或聆听专家的报告,对于有些主流思想中隐藏的荒谬、主观的成分以及未加证实的成分,要深入地研究和批判地接受,剔除其中虚假和悖谬的部分,"激情四射的那些新号召"贯彻到实际行动时,更需要冷静和谨慎,教育的本质决定了即使"换一套思路或做法,奇迹也不会瞬间发生"。

这是一个充满神话的时代,但教育一定不会有奇迹般的神话,洞察那些神话,你会发现,无非只是一个又一个"剧场假象"而已。

防范"像瘟疫那样漫延的激情消退"

教育是一项离不开激情的事业,仅仅要求教师达到合格或优秀是不够的,即使广大教师拥有了娴熟的教育技术和能力,校长也不能高枕无忧,因为很多时候态度和意识决定了成败。校长要坚定这样的管理信念:以共同的愿景取代恐惧,更能获得长效的工作激情。这个愿景包括核心价值观:重视每一位师生个体,教师是专业教育者,家长是合作伙伴,管理需要决策共享,教师要成为团队的成员,等等。学校教育需要教师保持活力充沛并能激发学生的活力,锐意进取并执行有力。

事实上,领导和管理学校难以做到让教师长久地保持激情和活力。而且一不小心,抱怨、懈怠、提不起精神等现象会充斥着校园的每个角落,无论采用号召、精神引导、竞争、奖惩或评价等手段,教师的反应总是那样的冷淡。学校领导要时刻警惕:如果不加以细心的呵护,"激情消退"有可能像瘟疫一样在校园内漫延。

"人总是有惰性的"常常是校长的管理信条。为了防范激情的消退,有些学校的运营采取流水线的模式,教师必须相互竞争,以获得只配给少数"赢家"的升迁和奖金;有些学校过分依赖等级、名次甚至额外报酬等方法,以"恐惧"为驱动力,试图以简单功利的方式消除教师的惰性,并激发教师相互竞争的斗志,事实上无法获得发自教师内心的激情,因为激情并不意味着表面上的炫耀和张扬，它实际上来源于内心。

维持全校教师处于充满活力和激情的工作状态，是学校良好的发展态势经久不衰的前提。在学校这个系统中，"表现"是最可能发生的事，也是教师和学生的学校生活的重要内容。将"让师生有所表现"这件事做好了，学校教育、学校管理的很多问题会得到很好的解决，因为每个个体都有做好事、学习的内驱力，他们将为发挥自己的潜力而奋斗，无需任何外在的动力源，特别不需要"竞争""压力""恐惧"等这些被管理者用作手段的东西。

激情是一种燃料，但不能用错地方！在学校管理过程中，我时不时地感觉到个别年轻的干部渴望自己成为众人瞩目、风光无限的焦点人物，将个人的目标放置在事业目标之上，并争权夺利、挑起事端，如果个人的目标没显现，立即处于懈怠状态。对此，如果引导不当，或者对激情运用不当，激情将成为"管理灾难"的根源。学校的工作氛围有可能助长激情或是破坏激情，要积极进行鼓励式的坦诚的对话和沟通，为此，必须坚决反对专横的姿态、钩心斗角的伎俩以及其他伤害有效沟通的行为。

与学校内部的官僚主义作斗争

——

韦尔奇指出,成为强有力的领导者,应当做到:培养外向型眼光;与企业内部的官僚主义作斗争;聘用并提拔富有激情的人担任领导;创造更以顾客为中心的新方法;为信守企业价值观的员工提供成功的机会。

要想成为强有力的学校领导者,其中有一条行动计划就是:要与学校内部的官僚主义作斗争。

校长只要在校内随便转悠,就能发现官僚主义的痕迹,上至校领导、下至一般管理干部甚至教师,都会犯官僚主义的毛病。长期以来,我们不得不与来自学校内部的官僚主义作斗争。如果管理者不去正视那些充斥了官僚主义的行为,对于每日可见的由官僚主义恶习引发的后果视而不见,会使问题越来越糟糕。

学校校长只要到学校各个区域转转,不难发现官僚主义的种种显性表现:

(1)"自己的庭院没有打扫干净也不知道",而且只会抱怨保洁员的不是。我时常看到一些区域有开裂的开关甚至裸露的电线,剧烈闪动的白炽灯,破落的大理石,即将掉落的壁画,被堵住的下水道,教师餐厅明显的卫生瑕疵……而且这些事的发生不只是在我发现时,破落的现象已经有一周或更长的时间。"官僚式"的干部对这些现状视而不见,或者根本不去视察"自己的庭院"。

（2）"上课，是天大的事"，没有做到管好这一"天大的事"。教师迟到甚至某节课完全没到的情况，没有及时发现，等到学生反映后，事情已过去好多天，也就不了了之；偶尔碰上被抓住，教师只能自认倒霉。尽管学校管理劳动纪律的相关制度将重点放在"脱课""查学生是否到校"等环节，但是，像"上课是天大的事"没有管好也时有发生，而各个区域的管理团队总是关注"上班签到"等机械操作的事务，而不去深刻地思考管理的重心在哪里，及如何实现有效高效管理。

（3）不愿深入第一线，喜欢坐在办公室听听汇报，用办公QQ来发发通知，至于发出的指令有无收到无从得知，更谈不上被正确地执行了。官僚习气不只发生在学校主要干部身上，连普通教师也未能幸免，某个普通教师一旦被任命为某主任，官僚习气的臭味很可能会变得更浓。

可见与学校内部有意无意间显露的官僚主义行为及人们的官僚习气作斗争，是管理学校长期的艰巨任务。现在，我校副校长都搬到自己所管理的区域去办公了，长期的"校长办公层"布局已打破，这也是我校管理团队与自身官僚习气作斗争的自我革命。目前，杜绝官僚主义的改进行动已初显成效。

那些深入第一线与教师共同奋斗、主动地为他人排忧解难的管理干部，他们的敬业、精致和亲历亲为，能够使得官僚主义恶习从其所管理的区域逃之夭夭。

提高工作效能从不讲"无用的废话"开始

我参加了很多会议,有些会议到底想解决什么问题,总是让人摸不着头脑。有人告诉我,你要想成为让上级和下级都满意的领导,必须学会讲宏观的话,这样永远不会得罪人。

例如,在会议中可以说类似下面这段话:

> 在这动荡不安的时刻,我很荣幸有机会与大家讲一讲这个重要的主题。当然,我们在相关的工作中已经取得了长足的进步。我们为目前的成就感到自豪,同时也要向那些奋斗在第一线的人们致以最崇高的敬意。我们决不能低估个人热情、决心和坚持所创造的奇迹,当然,每个时代最优秀者也有无法解决的难题,认为我们能超越他们,未免太过妄自尊大。一言以概之,我们要认清自己所处的历史位置。我们坚定地支持进步,我们热切地要求进步,我们希望看到进步。然而,我们所期待的,是真正的进步,而不仅仅是刻意求新。只有我们将传统发扬光大,才能实现真正的进步。

听起来似乎很诱人,但听后仔细品味,到底是在讨论什么,到底想要人们做什么工作呢?

这使我想起了2008年那场雪灾，当时我还是浙江省教育厅下属学校——杭外的校长。我冒着风雪不断去开会，贯彻上级文件精神，听到了很多"将保证道路畅通作为重中之重"的话语，可是如何行动只字未提。幸亏，去开会前，我电话通知了有关干部，要求所有留校教职工将树上的雪打掉、扫一条通道、将承重有问题的屋顶清扫以防塌陷，否则损失会更大。

讲正确的废话是一件简单的事，做正确的决策并有效地解决具体的问题，这不是一件容易的事。

我时刻警惕学校可能出现的那些充斥着一大堆无用废话的会议，一般情况下不召开无事可议的会议，将每周一上午的校级领导班子会议拆分成中学教育工作例会、小学教育工作例会，让相关的教育教学第一线干部参加，会议要有具体议题。一般情况下，我只听会不就具体事项的决断作表态，由分管中小学的校长自行决断。我只管三件事，一是贯彻我参加的上级会议的精神和有关信息，二是适时地培训他们应当如何管理事务，三是对他们决断中的某些可能考虑不周的事宜作些提醒。会后，我再召集后勤服务相关部门负责人或有关当事人开会，就中学、小学的一些事项要求作好配合，有时根据他们的议题我会直接带相关部门的负责人进入小学教育、中学教育会场。

我发现，一所学校的官僚主义行为常常从会议的废话开始，杜绝这些废话，让讲废话、套话的人在学校没有市场，这是一项长期的工作，因为当一个人晋升到不能胜任的岗位时，也只能用正确的废话去显摆，冒似自己很胜任。而真正能胜任的人，是从不会感到无事可做，更不会对具体的事务无话可说甚至很不了解的，他会每周列出需要解决的议题，并及时更正日常工作的偏差以保证学校的正常工作不会出现混乱。当然，学校也需要超越日常事务的战略决策系统，只要日常工作系统顺畅，系统性的学校变革的决策，也会得到强力的执行机制来支撑并落实，从而保障逐步推进并取得如期的成功。

教育孩子，需要更多的好故事

很多人认为尽早地教给孩子理性的系统知识，是"让孩子不能输在起跑线上"的具体行动，却忘了故事对于教育孩子的重要性。孩子的大脑中有一套"故事语法"，知识是在浪漫的故事情境中展开的，而不只是严谨的、抽象的逻辑命题，尤其对于小学阶段的孩童。

故事吸引孩子的地方在于情感化的情境，而对于教育者来说，故事的教育魅力在于：如何让孩子捕捉故事情境中的情感元素。"捕捉故事中的情感"是重要的认知行为，能够对信息、知识、情境进行整合，故事的影响力不只是表面上的情节，更有隐藏在各个地方的核心结构和内在的情感体系、知识体系与逻辑体系。孩子们总是倾向于以讲故事的形式来看待和解释身边的世界，借助于故事，教师可以培养孩子善良的共情力、富有逻辑的判断力。可见，故事影响着孩子的成长和发展。

美国著名未来学家丹尼尔·平克说："让人生存下去的不是食物，而是故事。"在学校教育过程中经常会发现，很多孩子并不能很好地理解逻辑，但是却能很好地理解故事；很多孩子难以记住孤立的某个重要人物，却能顺利地记住故事中的那个主角；很多孩子无法理解某个概念的定义，却能通过置于一个故事情境中的方式来加深理解。当学校无力去建造豪华的实验室、没有经费去购置奢靡的设备时，故事在教育中所体现的作用更显价值，通过故事可以将各种事件描述得极具情感吸引力。"人类社会可以没有汽车，但不能没有故事"，教育也是如此，教育中的故事不可或缺。

学校领导不要只做会讲故事的人，更要做会讲故事的管理者。明智的教育行政官员应当清楚，校长向你汇报时，PPT中所陈述的故事常常包含了一定的欺骗性，你所看到学校陈列室中展示的学生作品其实只像是礼服上的装饰，你只有随意地从孩子直接向你表达的故事中，才会找到真实的关于学校教育的信息。校长作为一位学校中"会讲故事的管理者"，时刻要去建立各种"故事会"：要让学生在故事中学习，还要让学生学会编故事、讲故事，利用图片、数码设备等将故事编得更加精彩和深刻，讲得更加生动、听得更加入迷；要让教师通过讲故事去研究教育教学，开展叙事研究，用贴切的故事去解释抽象的教育学分析，这样，更加有利于理解教育教学原理，并改进自己的实践。

总是寂静的学校场景会让人感到恐惧，学校应当有很多合理的声音：早晨，学生大声地朗读；每周举行讲故事活动，每月开展故事节；班班有歌声、乐队的演奏、微电影展播、学生社团不时举行的露演；操场里传来的喧哗声、呐喊……那是多么美好的富有生气的学校景象。可是，当你步入容纳了几千学生的校园时，除了宁静之外可能还有对你视而不见的过往的师生，连声音都难觅，何处去寻找故事以及故事背后的教育激情呢？

把教育做好、把教育做正确，我们需要更多的关于故事的研究，需要有更多的好故事！

超越"知识工作者"培养模式

管理学家彼得·德鲁克说,知识工作者是"把所有知识应用于实践而取得报酬的人,而非出卖体力或手工劳动的人",例如律师、医生、会计、工程师,还有管理者等。

长期以来,中小学教育目标定位在培养"知识工作者"这一维度。如果学生擅长数学,就应当去做会计师或资本投资家;如果学生擅长英语和历史,就应当去做外交家;如果学生擅长写作,就应当去做作家;如果学生擅长生物和化学,就应当去做医生……这也是家长所希冀的。

1. 为了培养"知识工作者",中小学教育付出了巨大的努力,也带来了学生过重的学业负担和学术负担

以培养"知识工作者"为目标的中小学教育,必然要尽可能地教授学生更多的知识。这个世界上有太多让人渴望了解、学习的知识,那些新奇的、有用的知识不断汇入课程,中小学课程内容和课程结构日益复杂化,整个课程空间被挤得满满的。

但是,教授更多的知识并不一定能够有效地培育有智慧的"知识工作者"。知识越多并不意味着智慧更高、思想更强大。对于那些精确的基础知识,必须要求学生熟练地掌握。没有精确的训练就谈不上学生对概念的理解

和吸收，也不会有精确的理解力以及训练之后的能力提升。教师为了培育"知识工作者"所付出的种种努力，有可能带来学生学业负担过重的问题。

当人们责备中小学生过重的学业负担，强调探究能力、实践能力对于孩子成长的重要性时，突然之间，一些领先的、有大量特别的教育经费支持的学校，似乎在很短的时间内就建成了设备一流的科学实验室、天文台、机器人工作室、大数据分析工作小组，还有与专业机构类同的电影拍摄基地，装有现代化设备的农场、高端博物馆、书院、科学院，似乎通过这样的高端设备投入，能够更好地培养孩子的科学探究能力，从而减轻学生的学业负担。其结果是，中小学教育走向了另一极端：学生背负了沉重的学术负担。

过度的设备配置和"类似大学学术化"的中小学教育氛围，带来另一种浮躁和混乱；那些过度、过早的"精密"学术活动，并不能给全体孩子带来创造的欲望，也不见得能够相应地产生更多的时代精英，反而将培育"知识工作者"推向了另一种狂热。

2. 教育应对培育精致的"知识工作者"目标作出调整

美国著名未来学家丹尼尔·平克在《全新思维》一书中说："当今，物质财富的充裕、亚洲的崛起和自动化的影响在不断深化"，概念时代（"概念时代"是一个以创意、共情、模式识别、娱乐感和意义追寻等"右脑"能力为主导的全新时代——编者注）正在拉开帷幕，"这一幕的主角是创造者和共情者，其特征是擅长右脑思维"。

尽管时代已经发生了巨大的变化，但当前中小学的培养目标、家长所希冀的学校教育，仍然还是紧盯那个"知识工作者"的目标。理想的期待仍然还是我少年时代的那个样子，只不过略有一些"赶新潮的变异"——在中小学阶段特别是高中成绩优异，大学时学工程学科或计算机学科，以后到银行或大公司从事与大数据有关的工作，有好的薪酬和充裕的家庭财富，能够无忧无虑地幸福生活。

我小时候经常饿肚子，最开心的是过春节家里做年糕时，随时能吃到香喷喷、热乎乎的年糕，肚子再也不觉得饿，那一刻感觉生活是多么的美好啊。

后来，我有了孩子，过春节做年糕时，我想孩子一定也有同样的惊喜，孩子却说"这有什么好玩的"，继续在电脑前玩电子游戏《魂斗罗》。现在，我的孩子从牛津大学 MBA 毕业，已经结婚，我想，未来她的孩子对于她当时喜欢的冰激凌等食物以及"老土的电子游戏"，也将不会再有什么兴趣。

现在的生活水平和物质富裕程度，是我小时候所不可想象的。当整个社会的物质财富非常充裕时，当人们再也不为生计忧愁时，当电脑和机器的技术水平已让人类失去尊严时，我们应当对于面向未来的中小学教育的培养目标作出新的思考。

从职业来看，一个职场的胜利者，依赖的是创造力而不仅仅是技能，是好的隐性知识而非技术规范，是把握全局的能力而不仅仅是陷于细节的机械般的精细。医生不再只是从身体的结构去展开治疗，其职责变成了为患者提供更多的咨询服务，需要更多的注重共情、叙事医学的那些能力；律师更要能为服务对象提供更复杂的服务，包括提供咨询、调解、法庭陈述以及其他安抚和心理疗伤的事……知识工作者必须掌握一套与技术操作不同的技能，而且必须能够自我更新。对此，教育应当对培育精致的"知识工作者"的目标作出调整。

从生活来看，科学知识和数理逻辑能使我们的生活变得更加美好，但未必让我们更加幸福。人们需要的生活不再是占有更多的资源、可以随意享受奢华的荣耀，而是更需要有设计感、共情力、娱乐感和其他更加柔和、温暖的高感性成分；日常生活需要的产品不只要求实用、耐用，还要能够满足外表美观、款式独特、意义深远，同时还要符合人的"审美需求"。人们的生活已经进入了高概念时代，思考生活的意义和使命成为比食物更加重要的"心灵食品"。

3. 如何推进中小学超越培养"知识工作者"的传统模式

如果学校教育只有"知识工作者"的那些认知目标和学科能力要求，没有从"心灵教育"和训练右脑思维的角度去平衡一个人的能力、心智的发展，不关注未来学家丹尼尔·平克所说的"设计感、故事力、交响力、共情力、娱乐感和意义感"等六大高概念、高感性能力，即使培育再多的"知识精英"，也难以造就整个民族对于未来时代的领先地位。

为此，需要从以下几个方面改进中小学工作。

首先，教育工作者要有教育的艺术敏感性，学校教育能否成功与卓越，很大程度上取决于有多少教师拥有了精湛的教育艺术。教育艺术的敏感性来自教育教学的设计感，这是教师的职业天性。教师每天总是努力地设计各种方式，以能够塑造和改善学生的心智模式和行为习惯，打造友善的同伴关系和友好的学校环境，使教学、学习和一切学校生活充满意义。

其次，创造实用性和意义性相结合的产物。儿童期是人生的浪漫期，学校需要更多的类似能让孩子感到"惊讶"的设计，让孩子感到新奇、有趣并激发其探求的欲望。实用性和意义性相结合，可以改造和创新学校的很多项目，包括设备、设施和管理模式、行为要求等，"意义性"在于丰富的教育意义，"实用性"是蕴含教育意义的实用性。当教育者以教育的视角去看待学校的建筑、设施以及各类操作程序和规范要求时，校内的建筑不再只是建筑，而是有血有肉像一个生命体那样的"教育建筑"；学校的管理不再是强硬的约束，而是富有教育哲理的艺术感受以及对于学生成长、成熟的内在需求的满足。

第三，设计能力要成为教育教学和学校管理的核心能力。作为教师，每天都在做有关设计的活动：如何从"内容、动机与互动"三个维度设计课堂教学，以便让教学更加"深刻"，并让学生的学习真实地发生；如何将学生个体、全班学生和学科教学、班级管理以及跨班级的各类活动组合在一起，以便有效地培养学生的美德；如何通过程序或项目的设计，寻找日常教育中遭遇各种问题的解决办法；如何通过课程结构的创新性设计，使学校的学习生活更有魅力……这一切，带给全体教职工的不只是新颖和美感，更是恒久的工作激情。

第四，孩子们期盼的是有品质的现实故事，而不只是书本里的那些事。怀特海说"教育是风格之培养"，最吸引孩子的是学校教育的风格和教师课堂教学中的内在气质。我们更需要训练孩子的是：理解他人、了解人际关系的微妙，找到自己的快乐并感染他人，探寻生活的目标和意义；创造艺术美和情感美，辨析各种模式，发现各种机会，创造令人满意的故事。

无论学校的条件豪华还是简朴，都不能忘却艺术、娱乐、体育和活动对于中小学校的重要性，除了传统的学科教学工作，共情、关怀、鼓舞士气应当逐渐地成为学校教育的内容和手段。通过修炼美德和精神，建立、保持、提高关怀关系，"以理解为前提，以情感为基础，以责任为意志力量，以奉献为行为特征"，从而推进中小学超越培养"知识工作者"的传统模式，构建概念化时代的现代教育模式。

教育之目的，是为了激发学生走自我发展的道路

——

英国哲学家怀特海认为，教育的目的是为了激发和引导学生走自我发展的道路。一个人从小学到大学的教育可以分为三个阶段：浪漫阶段、精确阶段和展望阶段。中学属于教育的"精确阶段"，这个时期对于人生来说非常重要，丝毫不能松懈，中学阶段的学习要与"严谨""刻苦""努力""坚持"等人性的坚韧本质和谨慎态度为伴。

中小学教育，应当让学生做到以下几点：

一是要"向内要求自己"。中学教育的理想在于，能够让学生懂得将自己的命运提升为使命，自觉其内在的向善的力量，"择善固执而走向至善"。"向内要求自己"的前提是要了解自己的内心，了解自己可不是一件容易的事，要能够省察到自身每天所犯下的过错，从错误中得到教训，从而在思想上、行为上更加趋向谨慎。人生的路是漫长的，要怎样走更是一个大问题，最重要的不是自己有什么成就，而是自己知道自己想要什么，"了解自己""了解自己想要什么"这是"做好自己""做最好的自己"的第一步。

二是要"规划自己的人生"。教育的最终目标是培养"独立自主的人"，独立之人格首先表现在对自己人生的抉择和规划之中。一个人要先有选择自己的可能性，然后才能够找到自己所要选择的内容，人的本质表现在选择之后所得到的结果，如果没有先作选择，永远不会有那个结果。因此，人不是

已做成之物，而是在不断地造就自己。一个人如果从来不作选择，就根本没有"作为自己"的本质可言，因为他的所有一切都是由别人安排的，他只是一味地接受。一旦接受成了习惯，做一个"属于自己的人"永远只是虚浮在空中的口号。中学教育要训练学生的理性表现和符合逻辑的表达，提高学生精确思考的能力，在复杂的、变化的经验现象中，掌握基本的原则，然后懂得对自己的生涯进行规划，选择自己今后的发展道路并对选择负责。

三是要"努力在当下之时"。生命是丰富的，但是对每个人而言，首先要活在当下，过去那种美妙只能定格在回忆之中，未来的憧憬只有靠当下的努力去一步一步地实现。如何把当下的压力变成动力，是把握自己在成长过程中不断制胜的关键。有了一个目标，要实现它，必须经过许多痛苦的考验，而且目标越高尚、越伟大，过程就会越辛苦。牛顿曾说过"天才只有长久的辛苦"。人生不能活在某种虚浮的目标中，而是要活在每一天、努力在每一刻，每时每刻都要让自己能够提升一点，不断地实现生命的价值。中学生总是习惯地抵抗管制，希望自己能够自由地生活，但是自由必然带来责任，要教育学生首先要学会对自己负责任，这个世界从来就没有"救世主"，自己就是自己的上帝，拯救自己必须靠自我内心的强大，一切外来的教育如果没有促动自我教育的力量，都只是"自说自话"。

四是要"追寻内心坚定之后带来的快乐"。每个人都希望自己能够快快乐乐，学校领导和教师也希望同学们能够在学校快乐地学习和生活。人生快乐的秘密就在于，"设定一个目标，专心奋斗，就会快乐"。刻意去追求快乐，本身就是一件不快乐的事情，因为追求本身就代表欲望尚未实现，内心当然觉得痛苦。如果不去理会快乐是什么，专心做好自己的事，沉浸其中，快乐自然来临，因为快乐是一种由内而发的感受，不是向外探求所能获得的。

《西西弗的神话》一书中说到，天神宙斯罚西西弗推石头上山，但是石头只要被推到山顶，又会再滚落下来，如此日复一日，看起来，像是对人生永无止境的惩罚。又是一个新学期，我们又将恢复这样的日子：每个星期一，石头都会在山脚等着我们，我们要从星期一开始推石头上山，推到星期五，石头终于到了山顶；但是回到山脚的那个星期一，我们又要重新推起石头向山上进发。如果不能感受到内心坚定之后的那种快乐，如此劳作，只会让人觉得生活是那样的枯燥和无趣。

推着石头向山顶进发，其实是快乐的，我们在学校的工作、学习和生活，就像西西弗向山顶奋斗那样，向山顶奋斗的本身，已足以使人获得内心的充实。让我们一起"共同推起石头"，继续向山上进发，因为生活的原型就是如此，不必太去计较得失或其他。

站在互联网"风口"的家校关系

中小学教育工作者都有这样一种感觉,这是家校关系比较糟糕的时代。引发关系糟糕的原因很多,互联网时代更是把家校关系推向了"风口",与教育无关的事,因社会问题引发的恶劣心情,都带进了家长组建的虚拟空间群,人心浮躁,碎片斑斑,本该宁静的教育事务涌入了太多的"浮云",而且一不小心,处在"风口"的家校关系,突然会被吹向空中,让正在闲步的人群注目和议论。你所管理的学校,同样也有可能会莫名其妙地被"风口"的某股风带上云端。

为此,学校管理者必须小心行事,建立起有效处理公共事务和主动协调家校关系的运作体系,提高全员教职工的沟通能力,防范"风口"的到达,避免"因某个翅膀的扇动"而引来一场风暴。

(1)小事当大事来处置,小事就会变成无事;小事当无事搁置,小事可能演变成大事。

有一次,一个调皮的孩子将餐盘里吃剩的残羹倒在还在吃饭的另一孩子的餐盘中,引发了尚在就餐的那个孩子当场呕吐和哭闹。生活老师及时批评了生事的孩子,并将受欺负的孩子送到医务室诊疗,同时告知了班主任。班主任分别联系了两个孩子的家长,说明原委,那个调皮生事的孩子的家长向受欺负的孩子的家长打电话道歉,受欺负的孩子的家长大气地说"孩子在学校闹腾点事很正常，不要介意"，此事及时得到了化解。到了下午，两个孩子早已忘了中餐的事，又自然地玩在一起了。

类似的另一件小事，却让学校领导花费了大量精力。一个孩子刚弯下腰，另一个孩子从后面撞了上来，将弯着腰的孩子撞到墙上，虽然被撞的孩子头上有一道明显痕印，但在场的教师看了觉得问题不大，就安抚了一下受伤的孩子，也没多了解情况，更没有告知班主任。待这个孩子回家后，家长发现有伤痕，问孩子怎么回事、被谁欺负的，孩子讲不明白，于是，家长打电话问班主任，班主任也说不知此事。很自然，家长觉得孩子在学校被欺负了连教师也不知道，人身安全没有保障，就直奔学校，要求查看监控；但学校教室内的监控，上学时间是没有启用的；后来，事情虽然搞明白了，但家长的情绪一时难以控制，后经多次沟通，总算平息了事态。

如果这位家长更加激烈，将抱怨发到微信群里；如果这个班级的内部管理确实存在某些明显的不足，或者班主任不擅长与家长沟通，一个家长的抱怨会引来更多家长的参与，共同数落教师的不是、学校的不是，激烈的声讨会随即在微信群里展开。如果舆情没有及时得到控制和疏导，第二天，可能会有家长联名来信要求校领导答复或聚众来校讨个说法。类似的由于"将一件小事当作无事搁置而引发大事"的案例，在学校日常管理中时有出现。

（2）复杂的事要慢些处置，习惯于逻辑和求真的思维，会导致某项事情迅速升格为事件，甚至恶化成群体性事件。

学校发展过程中，总会出现这样那样的复杂事项，有些是由学校内部问题引发的，有些是由于社会变革、政策变化或上级某项决策导致的。如果只从逻辑层面去讲道理、作"决不妥协的斗争"，反而会越理论越混乱、越斗争越深陷其中。解决这类问题更需要学校管理层有设计感、故事力、共情力等高情感能力，只依靠理性思维是远远不够的。

十多年前，我从浙江省教育厅教研室副主任岗位调到杭外任书记，第二年转任校长，这所学校被改制为"国有民办学校"。根据省发改委所发布的文件，当年从本校初中升入高中的学生要按民办政策收费，当学校执行这一文件的收费标准时，引发了"地震"，几百位高中新生家长聚集到学校抗议，后经省教育厅协调，学校被迫放弃了对当年收费政策的执行。随后，初中招生时告知家长，初中升入高中时要按民办政策收费，并让每个家长都签了字，即便如此，三年后的收费调整也引发了家长的抗议，幸亏当时有理有据，并与家长作了充分的沟通，终于实现了按民办政策收费，学校也得到了很大的发展。再后来，省教育厅决定，学校不再按民办机制运作，学生恢复公办收费，这本来是一件大好事，但家长还是因怀疑学校经费不足、教师待遇降低、教学质量下降而到省政府上访，也引发了群体性事件。

上述家校冲突的原因是多方面的，有政策解读或宣传不够、某个决策出台过于草率、对未来教育形势变化的判断有误等外部原因，还有一个原因，就是学校很自负地认为这是执行上级文件，有政策依据、法律依据，加上学校自身是名校而"牛气十足"，从而对舆情把握不准、误判形势，也没有主动地以高情感能力去精心构建联络家长、解读政策、逐个沟通等工作机制和预案。因此，处理复杂事务时，放慢节奏、充分与家长沟通、以更加温和的方式去推进工作，这是在"复杂的政策变化"中维持家校和谐、保证学校稳定的关键要素。

再例如，某个班级有一个孩子，总是习惯于以各种意外的方式推搡同学，导致别的孩子受到惊吓。该班学生家长联名向学校反映，认为这是典型的欺凌事件，学校必须让这个孩子离开班级、离开学校，否则要公诸媒体；而这位孩子的家长认为，上学是孩子的基本权利，孩子有行为问题学校要给予特别关照，不能把孩子推到校外了事。

这是一个非常典型的复杂事件，而且每年在新招收的学生中都有类似的个案出现，双方家长讲的都在理：上学是孩子的基本权利，不能因为孩子有问题就不让孩子上学；安全是孩子在学校生活的基本保障，绝不允许欺凌行为发生在任何一个孩子身上。改变那个孩子的行为偏差，不是一件简单的事；但不让那个孩子上学，又会涉及学校违法，学校被逼到"两难境地"。唯有寻找既让这个孩子上学又不让这个孩子伤害别的孩子的两全办法，同时要对这个孩子采取各种办法进行纠偏，这是一项复杂的工程，靠论理、争议、表决都是解决不了的，这就涉及学校管理的全新思维。显然，依靠逻辑和求真的常态思维与行为方式是无法化解这一冲突的。

（3）家校关系的"风口"通常在公共事务管理方面，完善学校的公共事务管理体系，提升教职工处置公共事务的能力，显得特别重要。

学校管理的日常运营机制，最初级的通常有两层。

第一层是私人部分，靠每个人的劳动来完成相应的事务，主要有课堂教学和班级管理两个方面。课堂教学，由教师个体在班级里进行"独立"的操作，完成学科知识传授和学科能力训练的任务；二是班级管理，由班主任主持对本班级学生在课余时间进行"独立"的教育，班主任还要完成学科教育之外的关于活动、生活等方面的管理事务。总体来说，学校在这一层面的设计通常是比较精致的。

第二层是公共部分，需要全体教职工一起来完成。防范校园欺凌事件，校园安全意外事故处置，公共卫生管理例如"对学生便后饭前洗手"的教育和全面督促，包括到校、请假以及每个学生身体排查的晨检，开关门窗通风和值日，校门口的值班，课外自由活动操场的管理，卫生间的手纸和洗手液的管理，及时开关走廊及公共场所的路灯，教室、办公室随手关灯、关门一事的落实，教室包括公共教室、办公室、公共区域损坏设备设施的报修，学生餐饮纪律管理和对餐厅工作的援助，学生收费的逐个核对，急病学生的紧急送医，家校沟通的日常事务和家校冲突事件的信息报送以及解决办法研制和具体实施，周末大扫除和全校消毒事务，校内教师教育的系统安排和教师外出培训活动的管理，校园网的管理和新闻发布，阅览室、实验室等教辅部门以及学籍管理、健康档案建立等与教育教学管理部门的对接，学校接待来宾或安排大型会议，外事接待和外教日常工作的监督、沟通和服务，招生工作和学校特别宣传事项，周末家长会加班……相比学科教学和班主任工作，这些公共事务的安排是相当复杂和琐碎的，而这一层面的日常运营机制的设计，恰恰是学校管理的软肋所在。

撇开个别无理的家长以及无法抗拒的突发事件，引发家校关系出现"风口"的缘由通常是学校内部管理不够精致甚至出现了混乱，关键的事例常常发生在公共事务层面。学校管理中最极端和最纯粹的公共管理事务存在着这样那样的问题,这是当前学校管理失误的诱因所在。特别要关注最宽泛的公共管理地带的事务,以及对公共层面和私人层面所创造的混合交错的事务的梳理,这是促使学校管理走向成熟的应有行动,也是规避家校关系产生"风口"的关键所在。

(4)建构家校共治体系,在信任基础上建立"患难与共"的谅解机制,这是家校融洽相处的有效手段。

杜威曾说过,教育的目的在于能够让人继续教育自己。离开了自我教育,外在的教育做得再多也是低效和无效的,家庭教育只有与学校教育形成"合金",才能引发教育的内化、激发自我教育的力量。

这就需要引入主动的家校共治体系,用学校的教育价值观来抵挡由家长族群自发产生的价值主张。家校共治的最大成本在于家长的感知,需要学校借用互联网向家长传播富有教育内涵的教育主张。传播的本质就是沟通,在信息越来越碎片化的时代,学校里每天发生的故事都可以成为家长微信群议论的热点,如果没有把握好学校教育的好故事、好话题,在价值传递中没有坚持学校教育的品质塑造,也没有积极主动引领家庭教育朝着正确方向前进,建设家校共治体系将成为一句空话。

例如,当规模几千人的学校突然发生学生在某一瞬间爆发呕吐、发烧、腹泻等群发疾病时,学校要及时向食药和防疫部门报告并申请专业部门的援助;当调查清楚因为什么发生了意外事件,学校要及时向家长代表报告。只要信息通畅,学校处理措施得力,家长也会很快从抱怨转到援助行列,"患难与共"的谅解机制更容易形成。反之,如果学校躲避家长的责问,含糊其辞、推卸责任,家长就很可能聚集抗议,场面会变得不可收拾。

站在互联网"风口"的家校关系,尽管有着随时被吹上天的风险,但是,学校管理者如果能够机智地将家长族群当成学校成员的组成部分,而不是当作学校工作对立面,并懂得与家长合作、关注舆情、剖析风险、积极主动应对各种变化,家长和学校的关系一定能够跨越"风口",创造家校融洽的一个个美丽的神话。

参考文献 Reference

1. ［美］丹尼尔·平克.全新思维［M］.林娜，译.北京：北京师范大学出版社，2006：112-120.

2. ［美］劳伦斯 J.彼得，等.彼得原理［M］.闾佳，等，译.北京：机械工业出版社，2007：77-89.

3. ［美］约翰·伦勒希.变革的力量［M］.宣苗，温恬，施德生，译.北京：东西文库，2012：65-78.

4. ［美］布兰克斯坦.创建优质学校的 6 个原则［M］.林玲，译.上海：华东师范大学出版社，2007：13-21.

5. ［美］诺丁斯.幸福与教育［M］.龙宝新，译.北京：教育科学出版社，2009：138-145.

6. ［美］杜威.教育信条［M］.华东师范大学教育系，杭州大学教育系，编译.北京：人民教育出版社，1996：55-62.

7. ［美］保罗·博格西昂.对知识的恐惧［M］.刘鹏博，译.南京：译林出版社，2015：17-21.

8. 傅佩荣.哲学与人生［M］.北京：东方出版社，2006：65-78.

9. ［美］斯蒂芬 P.罗宾斯.管理学原理与实践［M］.毛蕴诗，译.北京：机械工业出版社，2015：99-113.

10. ［英］怀特海.教育的目的［M］.徐汝舟，译.北京：生活·读书·新知三联书店，2002：25-37.

11. ［美］帕克·帕尔默.教学勇气［M］.吴国珍，等，译.上海：华东师范大学出版社，

2005：91-99.

12. 邵雨.杰克·韦尔奇管理日志［M］.北京：中信出版社，2009：67-83.

13. ［比利时］路易斯·卡夫曼.不懂带人，你就自己干到死［M］.若水，译.北京：印刷工业出版社，2013：97-99.

14. ［美］琳恩斯托特.培育良知［M］.李心白，译.北京：商务印书馆，2015：76-79.

15. ［匈］欧文·拉兹洛.世界走入混沌点［M］.庄胜雄，张淑彩，译.陕西：陕西人民出版社，2015：67-69.

16. ［美］艾伯特·奥·赫希曼.欲望与利益［M］.李新华，朱进东，译.上海：上海文艺出版社，2003：13-15.

17. ［加蓬］亨利·明茨伯格.卓有成效的组织［M］.魏青江，译.北京：中国人民大学出版社，2007：101-109.

18. ［丹］克努兹·伊列雷斯.我们如何学习［M］.孙玫璐，译.北京：教育科学出版社，2010：45-55.

19. 八八众筹.风口［M］.北京：机械工业出版社，2015：15-19.

20. 南怀瑾.论语别裁［M］.上海：复旦大学出版社：2003：651-660.

21. 王坤庆，陈亚凌.古典教育价值观的现代失落及重拾［J］.教育研究，2016（4）.

22. 冯文全，高静.论非连续性教育思想与学校德育创新［J］.教育研究，2016（8）.

23. 毕波.培根的"剧场假象"给我们的有益启示［J］.西北师大学报（社会科学版），1996（1）.

24. 王平，朱小蔓.建设情感文明：当代学校教育的必然担当［J］.教育研究，2015（12）.

后记 Postscript

学校正面临挑战

校长，请您从容地进入学校

时间过得很快，我离开工作了9个年头的杭州外国语学校，调入北京外国语大学，任校长助理、北外附校校长已近8个年头了。当年，北京外国语大学校长陈雨露先生等领导送我去北外附校上任时，我作了第一次演讲。我说，作为新任校长，我最大的理想就是与大家一起理想地解决学校发展中的现实问题。目前主要做三件事：第一，共筑愿景；第二，再造组织；第三，争取政策。

对于大多数教职工来讲，每换一个校长，都有着复杂的情感：期待、失望、不知所措，甚至感到害怕和恐惧。深受爱戴的校长离任，会让大家难受和失落；没有能力的校长走了，会让大家充满新的希望和期待；自私、喜欢控制别人的校长走了，会让大家有终于放松了的感觉。新任校长有时被看作是对和谐的学校文化的威胁，有时被看作是"无可救药的学校"的救世主。初入校长岗位或调入一所新学校任校长，很少是风平浪静的，这是对校长领导智慧和管理能力的重大挑战。

1. 抛弃"拯救一切"的幻想，尽快走出不被信任的初始状态

校长初到一所学校，自然地进入了不被信任的状态。在教师的潜意识中，常常认为现在正人君子的校长已经寥寥无几了。因此，新校长尤其是易地新任的校长，立足新岗位并有效开展工作的前提是重建教职工的信任。

第一，不要过多抱怨。抱怨会使你"心中的石头越来越重"。每个学校总有每个学校的不足或问题，校长的最大理想就是理想地解决学校存在的现实问题，学校没有问题就不需要校长或不需要你去做校长了。要切记"三缄其口"，控制抱怨的话语，积极了解情况，掌握学校目前的矛盾、困惑和疑难所在。只有把心态放平，才能在学校这片最熟悉的风景中，既见常人所见，又见常人所未见，为求得信任清理障碍。

第二，要心胸开阔。"在大多数领导人的灵魂里都有一个黑暗的角落，即他们总是私底下希望自己的光辉永远都不要被别人超越，他们希望他们的接班人比自己差一点，比自己更少受到爱戴。"（摘自波士顿大学教育主席安迪·哈格里夫斯的演讲《可持续变革》）与此针锋相对的现象是，新任领导总是在有意无意中否定以前领导的工作，期望人们认识到他的出现是在拯救一切。校长应当做一个胸怀开阔、明智的领导者，不否定上述感觉的客观存在，但要超越这些感觉。

第三，积极争取理解和支持。据我的观察，新校长进入学校常常出现两种情形。第一种情形，校长努力修正学校行为和利用改革促进学校实现自己的办学宗旨，学校迅速步入了"矛盾与复杂"的时期，教职工不得不在变化的矛盾中工作，由于行为文化惯性的存在，学校上下常常为如何建立合作性文化而苦恼。第二种情形，校长隐身于教师中间，承认并维护原有的秩序和规则，可能在提高考试分数等方面带来暂时的改革，但少有迹象表明校长利用领导者的职能来保证可持续发展，获得长远利益。由于上述两种情形的片面性，都会引发教职工的不满和攻击，这就需要在强调长远发展利益、使全校师生获得实惠的前提下，争取教职工的理解和支持，共同寻求制度的支撑，共建可持续发展的环境。

2. 以一个学习关怀者的姿态进入校长角色

学校的首要任务是通过学习培养人,校长的首要责任就是支持学习,这意味着学校不是"社会神话的收藏者、社会矛盾的承担者、政治声音的传播者"。校长要在深刻的、持久的、有效的、可持续的学习包括教师学习和学生学习中,切实发挥领导作用,这是校长作为"负责任的教育领导"的核心内涵。

促进教师可持续学习是改进学生学习的长久方法,对于教师的可持续学习校长有做不完的工作。新任校长可以此为切入点进入新领导岗位,逐步推进领导行动,全面进入领导状态。

我们常说"为学而教",对于教师的学习来说,应当提倡"为教而学"。教师如何正确地教学的问题不是"一个"问题,而是教师专业活动中所有问题的中心,是超越于其他一切问题之上的。对于教师来说,关于如何教学的知识不是一般的知识,而是最高的知识。

教师在职场中的主要学习途径是读书、参与讨论和思考,关键要养成联想的习惯。在读书中联想,想到每天碰到的案例与书本讲述的道理的关联度,在教学活动中或他人经验中琢磨、体悟、提炼出新的认识。这都需要引起情感上的活动,只有情感活动才可能进入内化过程,才能构成富有个人意义的学习成果。校长要致力于建立"基于案例学习"的教研活动机制,让行动方案、叙事研究、课案学习、课堂观察等成为教研组活动的主要方式,凸显教研组"教学法学习和研究小组"这一本质职能。

校长如果只从纯行政管理成分进入新岗位,一切是是非非都会蜂拥而来,处理不好可能会搞得"乌烟瘴气"。如果从一个学习关怀者的姿态进入领导角色,从关注教师学习着手,号召大家团结一致面对教师学习和学生学习中的各种困难,关注学习的深层次需求,一个团结奋进、力求学习进步的新局面很快会展示在面前,一切问题都会朝向如何获得可持续发展而逐步找到答案。

3. 建立共同价值观使学校变成一个寻求自身意义的组织

校长进入一所学校任职,是带着教育价值观和办学经验一起来的,校长需要通过自己的价值观进行领导。校长的教育价值观的质量、清晰度和教职工对这些价值观的认同强度，决定了校长对学校影响的积极程度。校长的教育价值观，只有被追随者认同才有效，校长对学校的领导存在于学校组织寻求自身意义的奋斗中。

"领导就是为了追求更完美的联合而把人们彼此紧密联系起来的一种能力，领导是一种意见达成工作，是一种观点分享和一种责任分担。"（摘自杰拉尔德等编的《校长论》）没有一个校长，不要任何人的援助就能够操作或控制每一件事的。如果学校每件事都由校长一个人去做，既不可能也不现实。积极寻求个人教育价值观与学校组织的融合，与其他学校领导、中层干部和教职工在沟通基础上达成教育价值认同，形成紧密型的联系和合作，是新校长的最基本的工作策略。

领导要以现状为本，尤其对于新领导。学校所有领导和管理都脱离不了学校环境本身，让学校组织所有成员分享教育观念，激发教职工参与到学校目标的执行中，鼓励下属贡献自己独特的才华来解决与学校发展有关的重要问题，人们对校长的认同感就会大大加强。

要树立"教师也是领导"的意识，不要将教师置于永远被领导的地位。帮助教师视自己为课堂和同事的领导者，鼓励教师成为职责权限内的"王者"，提出自己的创新思想，发动变革，提出挑战。当校长成为团队中各个个体发展的强大支持者时，威望自然而生。比起在呵斥声中提升自己威望的行为，这显得高明得多。

调和学校组织与个人的需要，在争取政策方面，给教师带来惊喜。校长要想获得教职工的合作，就必须了解他们的期望和需求。对于校长来说，其挑战在于要清楚了解个体和组织的需要，并尽量使两者达成一致。一致性程度越高，教职工的满意感和积极性就越高。

在当前的体制下，学校发展离不开政策支持，没有政策保障的办学需求与没有政策支持的专业发展需求，只是沙盘上的蓝图。学校不能离开政策而奇迹般地取得长期发展。争取上级行政管理部门的支持，争取家长的理解，是校长的重要事务。这就对校长的"公关能力"特别是沟通能力提出了超越一般教育工作者的要求。校长是为学校组织服务的，为构成学校组织的个体服务的，为学校组织服务的对象服务的，争取政策是服务的重要内容。

争取政策需要耐心和毅力，一项政策的争取不是即时能够成功的，也不能超越现实去争取全部的理想政策。如果什么政策都满足要求，学校也将变成任意妄为的组织。在争取政策的过程中，要学会站在上级的角度与教师对话，站在教师的角度向上级诉求。不管怎样，真诚地积极争取并真正能争取到政策支持，才能赢得民心。新校长更需要在争取政策支持方面给教师带来惊喜。

校长的事务主要有行政管理、教学改进、课程发展、学生服务、资源获取、硬件利用、预算和维护、处理公共关系等。新校长初到一所学校，对上述事务的处理方式，与老校长会有一些不同的要求，只有智慧地处理一切事务，才能在校长岗位上立足并不断作出新的贡献。